北京师范大学实验幼儿园
早期教育课程方案·托育课程

上册

北京师范大学实验幼儿园 ◎ 主编

北京师范大学出版集团
BEIJING NORMAL UNIVERSITY PUBLISHING GROUP
北京师范大学出版社

图书在版编目（CIP）数据

北京师范大学实验幼儿园早期教育课程方案. 托育课程. 上册/北京师范大学实验幼儿园主编. —北京：北京师范大学出版社，2022.7（2025.9重印）
（0—3岁托育课程资源）
ISBN 978-7-303-27447-5

Ⅰ.①北… Ⅱ.①北… Ⅲ.①学前教育－教学参考资料 Ⅳ.①G613

中国版本图书馆CIP数据核字（2021）第244397号

营 销 中 心 电 话：010-58802383　58802814

BEIJINGSHIFANDAXUE SHIYAN YOU'ERYUAN ZAO-QIJIAOYU KECHENGFANG'AN TUOYUKECHENG SHANGCE

出版发行：	北京师范大学出版社　www.bnupg.com
	北京市西城区新街口外大街12-3号
	邮政编码：100088
印　　刷：	北京溢漾印刷有限公司
经　　销：	全国新华书店
开　　本：	787 mm×1092 mm　1/16
印　　张：	11
字　　数：	210千字
版　　次：	2022年7月第1版
印　　次：	2025年9月第4次印刷
定　　价：	35.00元

策划编辑：	刘小树　郭　放	责任编辑：	宋　星　朱冉冉
美术编辑：	袁　麟	装帧设计：	尚世视觉
责任校对：	康　悦	责任印制：	李汝星

版权所有　侵权必究

反盗版、侵权举报电话：010-58800697
北京读者服务部电话：010-58808104
外埠邮购电话：010-58808083
本书如有印装质量问题，请与印制管理部联系调换。
印制管理部电话：010-58806104

编 委 会

编委会主任：黄　珊

编委会副主任：杜　军　董佑静

主　　　编：滕　瑾

副　主　编：金　菁

编　　　委：鞠　亮　阳小云　张凯鸽　雷江燕　金可欣

"北京师范大学实验幼儿园早期教育课程方案丛书"
序 言

玉兰童子面，紫藤映红颜。忆昔承蒙养，展望新百年。

2022年4月16日，北京师范大学实验幼儿园（以下简称"北师大实验幼儿园"）已经走过了107载。岁经百年，我园始终践行"以儿童为本"的教育理念，教养蒙童，哺幼开新，铢积寸累，蓬勃发展。在国家对学前教育发展高度重视的背景下，我园也致力于为促进学前教育的优质均衡发展不断贡献力量。一方面，最大限度地为全国幼教同行提供各种学习与培训机会，特别重视对祖国边远地区、革命老区的支教帮扶；另一方面，陆续将幼儿园多年的集体智慧结集出版，包括《以儿童为本的教育研究与实践》《爱在小小舌尖：幼儿园营养美食》《幼儿园规范化管理指南》《幼儿发展性评价手册》等，为同行提高办园质量提供借鉴与参考。

实现"幼有所育"是万千家庭的企盼。近年来，国家对3岁以下婴幼儿照护服务事业的发展日益重视。2010年7月，党中央、国务院发布的《国家中长期教育改革和发展规划纲要（2010—2020年）》将学前教育单列一章，提出"重视0—3岁婴幼儿教育"。2017年召开的中央经济工作会议强调"针对人民群众关心的问题精准施策""解决好婴幼儿照护和儿童早期教育服务问题"。2019年，"加快发展多种形式的婴幼儿照护服务，支持社会力量兴办托育服务机构"被写进政府工作报告。2019年5月9日，国务院办公厅正式发布的《关于促进3岁以下婴幼儿照护服务发展的指导意见》，首次提出"婴幼儿照护"的概念，明确"到2020年，婴幼儿照护服务的政策法规体系和标准规范体系初步建立，建成一批具有示范效应的婴幼儿照护服务机构……到2025年，婴幼儿照护服务的政策法规体系和标准规范体系基本健全，多元化、多样化、覆盖城乡的婴幼儿照护服务体系基本形成"的发展目标。2020年10月，中共十九届五中全会审议通过的《中共中央关于制定国民经济和社会发展第十四个五年规划和二〇三五年远景目标的建议》提出，"实施积极应对人口老龄化国家战略""发展普惠托育服务体系"。一系列政策举措的出台为托育事业的发展奠定了基础，也掀起了托育教育的新高潮。

人生百年，立于幼学，蒙以养正，是为圣功。追溯我园0—3岁婴幼儿早期教育开展的历史，早在20世纪50年代，就开始招收56天至3岁前的婴幼儿，在乳儿和婴儿的护理、保育、运动指导等方面积累了丰富的实践经验，为后续的婴幼儿早期教育实践奠定了基础。1985年，由幼儿园自主编纂的《托儿所实用教材 优秀教案汇编》包含了具体到每个月的教养特点及教育活动集锦，直至现在对我园的0—3岁婴幼儿教育还在发挥作用。20世纪90年代，伴随着社会经济体制改革，幼儿园不再接收2岁以下婴幼儿入托，但一直保留2—3岁全日托班。进入21世纪，为满足社会对优质教育资源的需求，我园积极推进北京市教委关于"以幼儿园为依托的社区儿童早期教育基地建设工程"，于2004年起陆续在校本部园、牡丹分园、奥林分园、望京分园创办0—3岁婴幼儿亲子班，并为0—3岁婴幼儿家长提供专家讲座，开办家长沙龙，开展"亲子教育"宣传日活动。2005年9月，英国首相布莱尔的夫人亲自参加北师大实验幼儿园中英早教基地挂牌仪式并剪彩。2011年，由于入托幼儿数量增加，幼儿园将2—3岁全日托班改为半日托班，一直延续至今。同年9月，幼儿园成立综合0—3岁早教活动、亲子图书馆、家长学校等项目的早期教育实践基地，为周边社区家庭带来了科学的育儿指导和欢乐时光。

历经百年积淀，我园始终坚守着"以儿童为本"的教育理念，在0—3岁早期教育管理、课程开发、师资培训、家教指导等方面积累了丰富的实践经验，形成了具有中国特色的、管理规范、质量优良的早期教育服务体系，是北京市首批示范幼儿园、市区级早教示范基地，是代表北京最高办园水平的十佳幼儿园之一，更是众多家长首选的教育品牌。

每一个孩子都是家庭的希望。从蹒跚学步到咿呀学语，孩子生命最初的几年是一生中大脑发育最为迅速的阶段。在这一关键时期，孩子需要有良好的亲子关系、科学的家庭养育及适宜的教育启蒙。"北京师范大学实验幼儿园早期教育课程方案丛书"是北师大实验幼儿园多年关于0—3岁早期教育实践智慧的结晶，我们希望与广大婴幼儿早期教育工作者分享，并为0—3岁婴幼儿早期教育机构照护者及家长的教育实践提供一定的参考和借鉴。

感谢在北师大实验幼儿园早期教育历史上做出贡献的前辈们，他们为我们留下了宝贵的财富；感谢参与编写的一线教师们，他们为课程提供了创意并付出了努力；也感谢北京师范大学出版集团对丛书的出版给予的大力支持。由于能力所限，书中难免存在不足之处，敬请读者提出宝贵意见。同时，这套丛书也是我行为庆祝北京师范大学120周年华诞和北师大实验幼儿园建园107周年献出的一份礼物。

黄　珊

2022年4月

于北京师范大学实验幼儿园

目 录

总　论 ··· 1
　一、课程理念 ·· 1
　二、课程组织实施原则 ·· 2
　三、使用说明 ·· 3
　四、托育照护环境的创设 ·· 5
　五、生活常规和每日计划 ·· 7

九月：你好，新朋友 ··· 29
　月工作计划和周工作计划 ··· 31
　第一周工作内容 ··· 36
　　第一部分：入园适应 ·· 36
　　第二部分：家园共育 ·· 38
　第二周·主题活动案例 ··· 40
　　活动一：我的老师（社会） ·· 41
　　活动二：教室里的"我"（社会） ··· 42
　　活动三：《拉尼尼》（语言） ·· 43
　　活动四：我的幼儿园（社会） ··· 44
　第三周活动案例 ··· 45
　　活动一：你叫我答应（语言） ··· 45
　　活动二：开始与停止（音乐） ··· 46
　　活动三：爬爬乐（体育） ··· 47
　　活动四：《交通工具捉迷藏》（语言） ··· 47

1

第四周活动案例 ··· 49
　　　　活动一：小花猫捉老鼠（体育）································· 49
　　　　活动二：香香的月饼（美术）····································· 49
　　　　活动三：老师，请帮帮我（社会）································· 50
　　　　活动四：我爱我的幼儿园（音乐）································· 51

十月：我会自己做 ··· 53

　　月工作计划和周工作计划 ··· 55
　　主题活动案例 ··· 60
　　　　活动一：我会洗手（生活）······································· 61
　　　　活动二：我会自己吃饭（生活）··································· 62
　　　　活动三：我会用水杯（生活）····································· 63
　　　　活动四：抹手油（生活）··· 64
　　第一周活动案例 ··· 65
　　　　活动一：天安门（语言）··· 65
　　　　活动二：常见的蔬菜（认知）····································· 66
　　　　活动三：蔬菜拓印（美术）······································· 67
　　第二周活动案例 ··· 68
　　　　活动一：《散步》（语言）······································· 68
　　　　活动二：粘贴葡萄（美术）······································· 69
　　第三周活动案例 ··· 70
　　　　活动一：《拔萝卜》1（语言）··································· 70
　　　　活动二：歌曲《拔萝卜》（音乐）································· 71
　　　　活动三：《拔萝卜》2（语言）··································· 72
　　第四周活动案例 ··· 73
　　　　活动一：我会走楼梯（生活）····································· 73
　　　　活动二：《洞洞》（语言）······································· 74
　　　　活动三：有趣的点点画（美术）··································· 75
　　　　活动四：小司机（体育）··· 76

十一月：秋天的色彩 ··· 77

　　月工作计划和周工作计划 ··· 79
　　第一周·主题活动案例 ·· 84
　　　　活动一：寻找秋天的颜色（认知）································· 85

活动二：儿歌《片片飞来像蝴蝶》（语言） …… 86
　　活动三：树叶宝宝找妈妈（认知） …… 87
　　活动四：秋天的大树（美术） …… 88
　第二周活动案例 …… 89
　　活动一：我会穿外套（生活） …… 89
　　活动二：好吃的水果（认知） …… 90
　　活动三：石榴熟了（美术） …… 91
　　活动四：《秋天》（音乐） …… 92
　第三周活动案例 …… 93
　　活动一：《小毛巾》（音乐） …… 93
　　活动二：快乐的小树叶（体育） …… 94
　　活动三：我会提裤子（生活） …… 95
　　活动四：秋天的树叶（美术） …… 96
　第四周活动案例 …… 98
　　活动一：南瓜（认知） …… 98
　　活动二：南瓜拓印（美术） …… 99
　　活动三：泡泡糖（体育） …… 100
　　活动四：小手爬（音乐） …… 101

十二月：冬天的味道 …… 103
　月工作计划和周工作计划 …… 105
　主题活动案例 …… 110
　　活动一：认识大蒜（认知） …… 111
　　活动二：种大蒜（认知） …… 112
　　活动三：好吃的蒜苗（认知） …… 112
　　活动四：泡腊八蒜（社会） …… 113
　第一周活动案例 …… 114
　　活动一：好吃的糖葫芦（美术） …… 114
　　活动二：头发肩膀膝盖脚（音乐） …… 115
　第二周活动案例 …… 116
　　活动一：冬天来了（认知） …… 116
　　活动二：小动物戴帽子（认知） …… 117
　　活动三：会魔法的小雪人（美术） …… 118

活动四：小熊送快递（体育） 119
　　第三周活动案例 120
　　　活动一：包饺子（美术） 120
　　　活动二：《小雪花》（音乐） 121
　　　活动三：冰棍化了（体育） 121
　　第四周活动案例 122
　　　活动一：手套找朋友（认知） 122
　　　活动二：太阳和月亮（语言） 123
　　　活动三：《新年好》（音乐） 124
一月：欢欢喜喜过大年 125
　　月工作计划和周工作计划 127
　　主题活动案例 131
　　　活动一：漂亮的拉花（美术） 133
　　　活动二：冻冰花（认知） 134
　　　活动三：新年吉祥话（语言） 135
　　　活动四：红红的新年（社会） 135
　　　活动五：扫房子（社会） 136
　　　活动六：舞龙（社会） 137
　　　活动七：亲子包汤圆（社会） 138
　　　活动八：舞红绸（音乐） 139
　　　活动九：亲子新年联欢会（社会） 140
　　第一周活动案例 141
　　　活动一：小动物来赛跑（体育） 141
　　　活动二：新年到（社会） 142
　　第二周活动案例 143
　　　活动一：美丽的烟花（美术） 143
　　　活动二：动物木头人（体育） 144

过渡游戏（15例） 147

体育活动（30例） 153

总 论

0—3岁是婴幼儿大脑发育成熟的关键阶段，高质量的早期教育有利于促进婴幼儿身心健康发展，对其后续成长具有极其深远的影响，是奠定婴幼儿一生幸福的基石。北师大实验幼儿园始终坚守"以儿童为本"的教育理念，基于对婴幼儿脑发育理论的研究，准确把握婴幼儿的年龄特点，以"培养健康乐观（乐）、善良有爱（爱）、文明礼貌（礼）、好奇智慧（智）、诚信立美（美）的儿童"为课程总目标，坚持创设丰富的环境，以科学适宜的早期教育活动保障婴幼儿身心健康，促进其全面发展。

一、课程理念

(一) 营造"以儿童为本"的教育氛围

儿童是永恒的求知者，他们时常从周围环境中接收各种信息，并在与环境互动的过程中获得发展。良好的成长氛围，有爱的育人环境，对儿童成长的价值毋庸置疑。无论是物质环境的创建，还是精神环境的营造，都应当将儿童居于中心地位。

环境是教育的场所，更是教育的载体，安全、整洁、温馨、和谐是环境创设的基本原则。环境中应该配有适合婴幼儿年龄特点、与其身材大小成比例、能激发其探索的各类玩具材料。这些材料要有美感，在视觉上要和谐，还要能吸引婴幼儿去触摸、去自由挑选，让他们自主参与并乐在其中。

早期教育的场所应该是充满自由、爱和乐趣的。要想营造这种氛围，家长和教师都应该尊重婴幼儿个体的差异性与多样性，创设自由、轻松的心理氛围，给予婴幼儿充分的自主选择权，使他们专注于操作活动，帮助他们快乐地、全身心地投入有意义的活动中，实现最佳发展。

(二) 培养全面发展的儿童

婴幼儿的学习与发展具有整体性，各个领域之间相互关联、相互作用、密不可分。在婴幼儿早期，所有的学习都始于身体，每一个动作的发展都在开发身体的能力，更是在构建大脑丰富的神经通路，这对于婴幼儿的认知发展具有重要意义。伴随着婴幼儿的成长，其社会性发展状况也极大地影响着婴幼儿的学习能力。我们以"培养健康乐观（乐）、善良有爱（爱）、文明礼貌（礼）、好奇智慧（智）、诚信立美（美）的儿童"为课程总目标，重视婴幼儿良好习惯的养成，致力于培养身心全面发展的儿童。

(三) 教育要走在发展的前面

教育要走在发展的前面，要促进婴幼儿全面、充分、和谐地发展，而且这种当前的发展应该能为婴幼儿将来的学习与发展奠定良好的基础，有助于婴幼儿将来的可持续发展。教师必须拥有广泛而扎实的婴幼儿发展理论知识，对个体发展有持续的观察和深刻的反思，只有这样，才能提供具有吸引力的游戏，理解婴幼儿游戏的过程和特点，给予其积极的支持并与其进行高水平的互动。教师必须参与到婴幼儿的学习过程中，基于婴幼儿的最近发展区提出具有挑战性的任务，有意识地激发婴幼儿的学习需要，才能促进婴幼儿主动、有效地学习。

（四）与家长建立合作伙伴关系

家长是儿童早期发展中排在第一位的重要他人，高质量的亲子陪伴会让早期教育取得事半功倍的效果。与家长建立合作伙伴关系，引导家长在参与活动的过程中理解婴幼儿的学习特点，提升育儿质量，是我们一直追求的目标。因此，我们致力于引导家长树立正确的教育观念，学习科学的育儿方法，建立良好的亲子关系。我们通过丰富多样的亲子活动让家长在参与中体验和学习婴幼儿教育的有效方法，通过举办专业实用的育儿讲座和组织参与式的家长沙龙给予家长科学具体的家庭教育指导。

二、课程组织实施原则

（一）科学性

0—3岁婴幼儿的发展非常依赖神经系统特别是大脑的成熟度。早期教育更应该配合婴幼儿的成熟顺序，基于年龄特点引导其发展。对于0—3岁的婴幼儿而言，许多能力的习得离不开反复操作所产生的积累效应，因此我们遵循婴幼儿的发展特点，注重多种活动的重复和递进，重视婴幼儿发展的潜在性和持续性，而不是追求教育效果的即时性。

（二）生活化

托班幼儿的教养以保育为主，因此其课程要扎根于幼儿生活，真实反映幼儿的需要。在日常生活中，只有当幼儿的生活需要得到充分的满足时，他们才有可能去参与其他有意义的活动。幼儿动作技能的发展、生活习惯的养成、作息规律的建立、社会交往经验的积累都是在一日生活中不断学习、重复、巩固的结果。托班的一日生活中蕴含着丰富的教育价值，生活即课程，二者是分不开的。我们的课程内容选择与设计贴近生活，重视幼儿所在的社会、文化、生活背景，充分挖掘生活中事物的教育价值，将教育融入生活，并延伸至家庭教育中。

（三）游戏化

游戏是婴幼儿成长发展的需要，高水平的游戏能够促进婴幼儿多种能力的提升。我们的课程注重每一个婴幼儿在活动中的参与和体验。游戏化的活动设计调动婴幼儿多种感官的参与，使他们全身心地投入活动中并获得愉悦的情绪体验。

（四）启蒙性

由于婴幼儿认知经验和理解能力有限，因此适用于婴幼儿的教育内容应该是启蒙性的。教师应基于婴幼儿的生活经验，不应超前、过度地开展教育活动，应更加注重鼓励和启发婴幼儿与材料、环境等的互动。

三、使用说明

(一)课程的目标与内容

"以儿童为本"是北师大实验幼儿园始终秉承的教育理念。在此基础上,我们以"培养健康乐观(乐)、善良有爱(爱)、文明礼貌(礼)、好奇智慧(智)、诚信立美(美)的儿童"为课程总目标,坚持创设丰富的环境,以科学适宜的早期教育活动保障幼儿身心健康,促进幼儿全面发展。

在总目标的基础上,参考国家卫生健康委于2021年1月发布的《托育机构保育指导大纲(试行)》,依据2—3岁幼儿的发展特点和现实需要,本套丛书将托育课程相对划分为生活与卫生习惯、动作、语言、认知、情感与社会性五部分内容,其中每部分的具体内容与目标见图0-1。

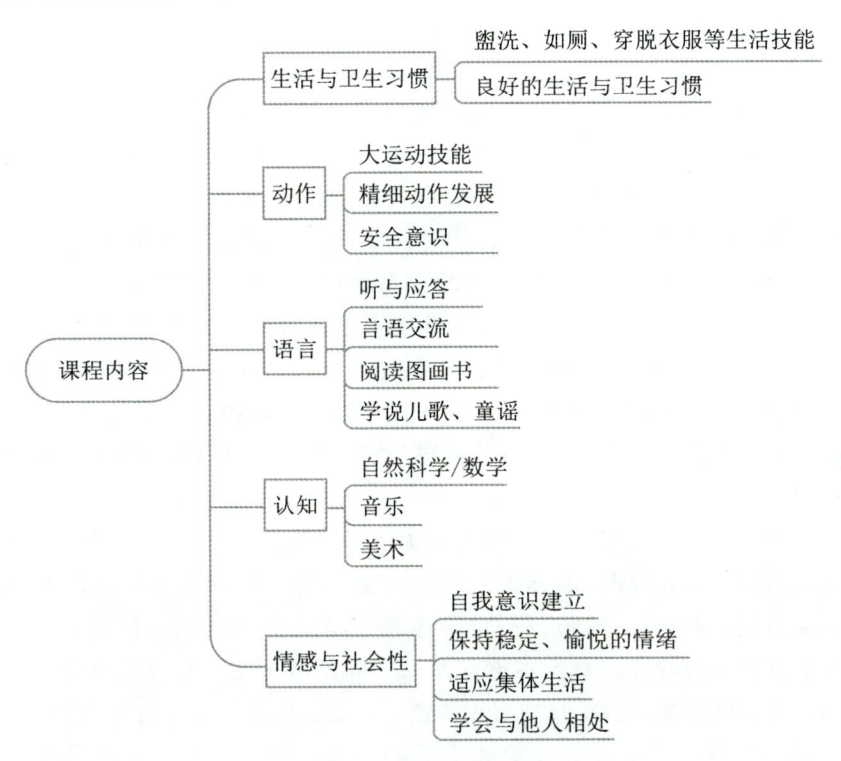

课程内容:
- 生活与卫生习惯
  - 盥洗、如厕、穿脱衣服等生活技能
  - 良好的生活与卫生习惯
- 动作
  - 大运动技能
  - 精细动作发展
  - 安全意识
- 语言
  - 听与应答
  - 言语交流
  - 阅读图画书
  - 学说儿歌、童谣
- 认知
  - 自然科学/数学
  - 音乐
  - 美术
- 情感与社会性
  - 自我意识建立
  - 保持稳定、愉悦的情绪
  - 适应集体生活
  - 学会与他人相处

图 0-1 课程内容框架图

(1)生活与卫生习惯:学习盥洗、如厕、穿脱衣服等生活技能,逐步养成良好的生活与卫生习惯,初步具有爱劳动、爱生活的良好品质(具体对应生活活动)。

(2)动作:掌握基本的大运动技能,提高身体动作的协调性;建立基本的安全意识,乐于参与适宜的体育锻炼,增强抵抗力;达到良好的精细动作发育水平(具体对应体育活动和部分美术手工活动)。

(3)语言:乐于参与各类语言活动,学会正确发音,在倾听、模仿、交流中提升理解和运用语言的能力;喜欢探索和阅读图画书;愿意模仿和复述简单的儿歌、童谣等(具体对应语言活动)。

(4)认知：愿意亲近自然和接触新事物，尝试运用各种感官探索和发现周围事物的属性及事物间的相互关系，有好奇心和探索欲，乐于欣赏和感受美的事物，在各种游戏中逐步发展注意、观察、记忆、思维等能力。在教师的引导下能够有意识地想办法解决问题，有初步的想象力和创造力(具体对应认知活动、音乐活动和部分美术活动)。

(5)情感与社会性：逐步建立安全感，在成人的引导下认识自己的情绪，能较长时间保持稳定、愉悦的情绪，学会用适宜的方式表达情绪情感；形成初步的自我意识，愿意与同伴、成人积极互动，能遵守简单的规则，在适应集体生活、与人交往的过程中初步具有文明礼貌、善良有爱的美好品质(具体对应社会活动)。

(二)课程安排及实施建议

1. 课程安排说明

遵循"一日生活皆课程"的理念，我们的课程实施途径主要包括教育环境、生活活动、教育活动、区域活动、主题活动。根据幼儿的年龄特点、季节变化、节日习俗等，我们在每个月制订月计划，包含本月重点发展目标及各部分内容的具体目标，还有教师指导重点与家园配合建议。在月计划之下我们展示了详细的周工作计划样例，包括每周的教育活动、生活指导要点、体育游戏及家园配合要点。依据月计划、周计划的目标及重点，我们每月展示了1个综合主题活动案例，包含相互关联的4~8篇教育活动详案，此外还有10余篇覆盖各领域的教育活动详案。整套课程方案除去寒暑假，共有10个月的月计划和每月3~4次的周活动安排，并每个月配有16篇左右的教育活动详案。课程的总体设计和具体活动案例浑然一体，构成了比较严密的课程体系。

在此需要补充说明的是，我们的课程方案的每个月详细列出了包含20个教育活动的周计划，希望为托班教师做好活动计划提供更多的参考素材。但具体的教育活动详案每月只提供了16篇左右，每个周计划中周五的活动多为参考性活动，未附详案。这是因为托班幼儿的一日生活应更多以自由活动为主，浸润在每一个生活环节之中。我们建议在实际的教育过程中要遵循"多分散、少集体"的原则，每周的集体教育活动以3~4个为宜且要注重过程中调动每个幼儿的参与和操作体验。教师在实施活动时一定要遵循托班幼儿喜欢重复的年龄特点，基于本班幼儿的实际发展水平，对课程方案中的活动进行取舍和调整，在活动中做到有重复地层次性递进，不断促进幼儿综合能力的发展。

此外，我们依据幼儿的发展需要和季节特点等，每个月设计了不同的小主题，分别是"你好，新朋友""我会自己做""秋天的色彩""冬天的味道""欢欢喜喜过大年"。9月是新生入园的第一个月，大部分幼儿都处于分离焦虑的情绪之中，并不适宜开展过多的集体活动。因此该月的第一周我们结合具体实例介绍了帮助幼儿入园适应的有效策略，并给出了家园共育的实用建议。第二周我们呈现了一个"你好，新朋友"的主题活动案例，引导幼儿逐渐熟悉和适应新环境，但是这个月的主题活动内容还是需要更多延伸至一日生活各环节之中。十月的主题中的4个小活动是相互并列的，教师可根据本班幼儿的实际水平，在每周选取1~2个小活动，并结合日常生活指导具体开展。十一月、十二月的主题活动与季节联系紧密，是一系列由主题活动线索贯穿的、有相关性的综合主题活动。幼儿也能够在连续的活动中经验得以丰富，能力得以提升。一月的主题活动围绕新年展开，每个活动之间没有那么紧密的联系，却都与新年息息相关，整个活动贯穿于一个月的始末，教师可根据实际情况，每周选取1~2个活动灵活开展，让幼儿循序渐进地、全方位地感受新年的氛围和中国的传统文化。

2. 课程实施建议

(1)2—3岁幼儿处于生长发育较迅速的时期，对他们的生活照料和养育是首要任务，生活即教育，因此2—3岁的教育应当融入生活照料的方方面面，教师要重视学习环境的创设，重视日常生活中的随机教育和个体指导。

(2)幼儿在生活能力和习惯上会存在很大的差异，每个幼儿的发展水平不同，教师对每个幼儿的回应方式、帮助程度也要因人而异。当幼儿习得一定的技能之后，教师要给予幼儿充分的锻炼机会，引导幼儿主动完成自我服务任务。

(3)本书中的月、周计划均是依据北师大实验幼儿园的实际情况呈现的，教师具体实施时必须要结合自己本地区的特点、季节变化等适时调整。

(4)本书提供了一周五次活动的周教育计划，并具体列举了一周四次左右的教育活动案例。希望这些活动案例能够对一线教师有更多的参考价值。但各月中的具体教育活动并非固定的统一安排，教师在实施活动时一定要遵循托班幼儿的年龄特点，基于本班幼儿的实际发展水平进行取舍和调整，注重活动的合理反复，以促进幼儿的发展水平为标准，追求课程的实际成效。

四、托育照护环境的创设

托育照护环境不仅仅是承载幼儿生活和游戏的物理空间，也是实施保教活动的隐形媒介，更是具有文化特性的第三位教师。对于2—3岁的托班幼儿而言，托育环境更像是幼儿的另一个家，对其情绪和行为都有深远的影响。

2—3岁是幼儿身心快速发展的阶段。按照儿童优先的原则，首先，托育环境的创设应遵循安全适宜的原则，最大限度地保护幼儿。其次，对于第一次离开家庭进入集体环境的托班幼儿来说，新的环境应该像家一样温馨、舒适、整洁，只有这样，才能给予幼儿充分的安全感和信任感。再次，良好的托育环境一定是具备丰富适宜的材料、充满趣味性和吸引力的环境，从而满足2—3岁幼儿探究的好奇心。同时由于2—3岁幼儿正处于秩序的敏感期，因此固定的区域、固定的设施和位置，以及固定的流程更能建构起幼儿的安全感和适应性，进而引导幼儿习得良好的生活习惯和自理能力。最后，教师作为环境的创设者，应通过观察幼儿在环境中的行为，理解幼儿的学习特点，掌握幼儿的发展水平，进而不断调整环境创设，让幼儿在一个稳定而有动态变化的环境中获得综合发展，同时也让自己能够在其中更加从容、有效率地工作。

综上所述，关于托班照护环境的创设可以从以下几个方面思考。

(一)创设安全适宜、温馨舒适的生活空间

(1)经常使用的桌椅、床、玩具柜等家具要适合幼儿的身高，便于幼儿起身和坐

下，座椅的高度以幼儿坐下后双脚自然落地为宜。

(2)桌椅、柜的边角要有弧度而非直角，或可以用软质保护角做保护。

(3)室内饮水机、盥洗池、坐便器、小便池等生活照料设施充足并适宜幼儿使用。

(4)窗户和门把手要高于幼儿的身高，以免幼儿不小心打开或碰触。如果活动室的门是直通户外的，应内装一个防护栏，以免幼儿独自走出教室。

(5)班级内应有适宜幼儿的软包家具、柔软材料，有让幼儿觉得很温暖和安全的、可以自由躺卧的私密空间。

(6)楼梯要有适合幼儿高度的扶手，阶梯表面防滑。

(7)班级空间充足，采光、通风、温控等条件良好。

(二)合理规划，创设动静结合的自由空间

(1)有明确的生活区和游戏区，区域之间有间隔，幼儿能够安全地走动；有独立的户外活动场地。

(2)规划适宜的室内活动区，组织集体活动以及帮助幼儿练习走步。教师可以在地面上贴上一圈线，让幼儿在集体活动时任意选择一个位置坐在线上参与活动；还可以组织幼儿在线上跟随音乐走，使幼儿尝试去控制身体，并在移动身体的过程中感受音乐的旋律。

(3)提供相对封闭的区域活动空间，一方面能够支持幼儿安静专注地探究，另一方面也能促进幼儿之间的互动。虽然托班幼儿大多处于独立的平行游戏阶段，但我们仍然需要在教室中给幼儿提供适合2～3人合作游戏的空间，如娃娃家和建构区。不同类型的区域之间可以使用玩具柜、书柜、沙发、绿植等作为隔挡，形成相对封闭和固定的空间。

(4)教师要观察幼儿如何运用空间，并根据幼儿的需求不断调整环境，从而促进幼儿的发展。

(三)将家庭文化融入环境之中

对于幼儿而言，托育机构是他们在家之外待的时间最长的地方。每一个幼儿都是带着自身生活经验和家庭背景来到幼儿园的，需要我们帮助他们在家与托育机构之间建立联系，而带有家的温度和熟悉物品的生活空间就是这个环境中最好的媒介。

(1)在开学之初，我们向家长征集孩子的"全家照"，让孩子随处可见自己的家人，并允许幼儿从家中带来熟悉的物品，缓解入园时的紧张和焦虑。

(2)用绿色的植物，漂亮的窗帘、桌布、靠垫等布置教室，使教室更有家的感觉。

(3)入园前的家访能够让教师走进家庭，观察与了解幼儿和家人的互动方式，了解幼儿的兴趣爱好。幼儿进入托班后，教师就能易于与他们产生互动和交流。幼儿也会因为曾在家中见过老师，而稍微缓解一些初识时的生疏与陌生感。

(四)提供支持性的活动材料

幼儿游戏活动的开展离不开玩具材料的支持。数量充足、种类多样、适宜幼儿操作的玩具材料是保障游戏质量的必要条件，也是每个托育机构质量提升的重要环节。基于幼儿的年龄特点和发展需要，托班一般设置户外活动区、角色扮演区、科学活动

区、生活区、美工区、建构区、图书区几个区域，区域材料投放可以参考表0-1。

表 0-1 区域材料投放

区域	玩具材料
户外活动区	1. 满足爬、走、钻、滚、平衡、攀爬、投、跳、上下楼梯活动需求的大型器械、运动材料。 2. 球类、圈类、投掷类、拖拉类等手持玩具。 3. 适宜的骑乘、运行类玩具。
角色扮演区	1. 角色扮演类：娃娃、各类家具、生活用品等。 2. 表演类材料：简单的乐器、音乐玩具、丝巾、镜子等。
科学活动区	1. 自然科学、数学材料。 2. 益智类材料：拼图、套叠玩具、穿编玩具、搭配类玩具等。
生活区	1. 锻炼幼儿生活技能及精细动作的材料。 2. 锻炼幼儿视觉、听觉、触觉、嗅觉、味觉等的材料。
美工区	1. 绘画类：各类笔、纸、绘画工具、绘画材料、护衣等。 2. 手工制作类：各类手工制作工具和材料。 3. 整理工具：托盘、垫板、清扫工具、垃圾筐等。
建构区	搭建积木、拼插玩具等。
图书区	1. 各类图画书、有声读物。 2. 手偶、模型。

区域的创设及展示应遵循以下几个原则。

(1)安全永远是要考虑的第一要素，购买的所有玩具都要符合安全卫生标准，并定期消毒晾晒。教师要随时关注，确保玩具和游戏设施完好。

(2)每个活动区能够容纳3~5名幼儿，每个区域的材料数量保证至少满足该区域的幼儿人手一份。

(3)材料需要动态更新，开学初不宜提供过多的玩具，待幼儿熟悉之后再逐步添加。教师也需要根据班级活动开展的情况和幼儿的需要及时调整、补充和更新玩具材料。

(4)材料的投放应体现出适宜性和层次性，同一水平的玩具还要多准备几份，以满足幼儿的需要，并适宜不同发展水平的幼儿使用。

(5)可以在玩具的托盘和柜子的对应位置上贴上同一标志的图片提示，让幼儿可以根据图示了解玩具的位置，进而养成物归原位的习惯。

五、生活常规和每日计划

合理的生活常规和作息安排能够保证幼儿在园生活的规律性和稳定性，对其秩序感和安全感的培养都有重要意义。如表0-2所示，我园根据托班幼儿的发展特点，合理规划一日生活作息时间，重视幼儿自由活动，注重动静结合，有效保障幼儿的户外运动、睡眠及安全健康。但同时我们也充分尊重幼儿的个体差异，注重在教育实践中根据个别幼儿的需求灵活调整一日安排。

表 0-2　一日生活作息安排

时间	内容
8：30—8：55	入园接待、晨检、幼儿如厕、洗手、喝奶，喝完奶的幼儿自主选择晨间活动（拼插玩具、阅读等）。
8：50—8：55	晨间活动（律动、游戏问好等）。
8：55—9：10	教育活动（及时满足个别幼儿的如厕需要）。
9：10—9：15	过渡环节：引导幼儿盥洗、喝水、按需如厕。
9：15—9：50	自选区域活动。
9：50—10：00	过渡环节：引导幼儿盥洗、喝水、按需如厕。
10：00—11：00	户外活动（寒冷、炎热的季节，特殊天气酌情调整）。
11：00—11：30	午餐。
11：30—12：00	睡前准备（餐后散步/自选玩具/安静活动）。
12：00—14：30	午睡。
14：30—15：00	起床、吃午点、喝水、自选玩具、安静活动。
15：00—15：15	阅读与游戏。
15：15—15：20	过渡环节：引导幼儿盥洗、喝水、如厕。
15：20—16：20	户外活动（寒冷、炎热的季节，特殊天气酌情调整）。
16：20—16：50	晚餐。
16：50—17：00	离园准备。
17：00—17：30	离园。

　　依据国家卫生健康委对托育机构设置标准的要求，我园每班满额为28名幼儿，配备4名教师，分别是主班教师、次主班教师、助理教师和配班教师。其中主班教师负责做好班级整体的教育计划，指导班级教师工作，全面保障幼儿的健康、安全和发展。主班教师与次主班教师共同商定教育计划，配合开展班级教育教学工作。主班教师和次主班教师每日轮换分上下午班，分别负责半日活动的组织实施。助理教师负责配合两位主班教师做好教学辅助，并协助组织小组教育活动。配班教师主要负责班级卫生和消毒工作，协助其他教师照料幼儿的生活。

　　为了让托班教师更加详细地了解2—3岁幼儿一日的生活作息安排、各岗教师的职责分工及指导要点，根据托育机构的条件及实际情况开展托育服务，我们详细梳理了"2—3岁幼儿一日/半日生活常规"及与之匹配的"2—3岁幼儿一日/半日生活指导案例"，细化了一日生活中各个环节的活动安排及指导要点，希望以更翔实、生动的案例让大家了解托班的教育实践，为教师有效组织2—3岁幼儿开展各项活动提供具体范例。

托班半日生活常规（2—3岁）

时间	活动内容	幼儿	主班教师	次主班教师	助理教师	配班教师
8:00—8:30	入园接待		1. 开窗通风。 2. 准备当天的教学用品。	1. 晨间擦拭（活动室的窗棂、窗槽、钢琴、一体机、药柜、鞋柜、录音机等）。	晨间擦拭（备课室、活动室的教具柜、教具托盘、电脑桌等）。	1. 拿水杯，取水壶。 2. 晨间擦拭（盥洗室、消毒柜、洗衣机、瓷砖墙面、小便池）。 3. 消毒餐桌。 4. 到食堂取牛奶，报当日幼儿人数。
8:30—8:55		1. 幼儿如厕。 2. 在教师的指导下七步洗手法洗手。 3. 喝牛奶，喝水，送水杯。能自主取奶盒喝奶，并在教师提醒下将奶盒放到收篮里。 4. 自选玩具进行游戏。	1. 指导幼儿喝牛奶，关注幼儿喝奶量。 2. 接待入园幼儿和家长。 3. 晨检：关注体温、喉咙。 4. 播放轻松的音乐。	1. 协助主班教师指导幼儿喝牛奶，喝水。 2. 指导一部分喝完牛奶的幼儿玩玩具。	1. 指导、照顾幼儿盥洗、协助幼儿挽袖子。 2. 对晚到的幼儿洗手，指导幼儿洗手、挂毛巾。	1. 协助主班教师指导幼儿喝牛奶。 2. 协助幼儿喝完牛奶后喝水。
8:55—9:10	教育活动	1. 愿意参加集体活动。 2. 能跟随教师的简单提问回答问题。 3. 有初步倾听的意识和集体规则意识。	1. 组织教育活动。 2. 兼顾全班幼儿，给予每个幼儿参与和表达的机会。	1. 协助主班教师操作展示。 2. 关注幼儿在活动中的表现，鼓励幼儿向积极表达。	1. 协助主班教师开展活动或操作展示。 2. 照顾个别有特殊需要的幼儿。	1. 打扫卫生，完成消毒工作。 2. 配合主班教师开展活动。
9:10—9:15	过渡环节	1. 如厕（自己学穿、脱裤子），需要帮助主动找教师。 2. 洗手（在教师的提醒下自己挽袖子）。 3. 自主接水，喝水。	1. 组织游戏，分组喝水。 2. 先喝完水的幼儿选择区域活动。 3. 确保关注每个幼儿。	1. 指导幼儿如厕，洗手。 2. 帮助幼儿挽袖子。 3. 帮助幼儿整理裤子。	1. 指导幼儿如厕，洗手。 2. 帮助幼儿挽袖子。 3. 帮助幼儿整理裤子。	1. 准备好温水。 2. 指导幼儿双手端着杯子喝水。 3. 提醒幼儿送杯子时找到自己照片对应的水杯格。

续表

时间	活动内容	幼儿	主班教师	次主班教师	助理教师	配班教师
9:15—9:50	区域活动	1. 自选区域玩教具进行区域游戏。 2. 知道整个托盘端出来游戏。 3. 知道每个区域对应的活动范围。 4. 在教室中自主选择对玩具有兴趣。 5. 知道物归原位。	1. 有计划、有目的地组织幼儿进行区域活动。 2. 全面把握幼儿活动的状况，适时给予个别指导。 3. 观察幼儿的区域活动情况，并做观察记录。 4. 区域活动结束后，组织多种形式的律动游戏。	1. 观察幼儿的区域活动情况，并做观察记录。 2. 关注幼儿的问题，遇到问题、适时给予适宜的支持。 3. 关注幼儿区域活动时的生活需要。	1. 协助主班教师进行个别指导，负责收集幼儿照片。 2. 指导幼儿收整玩教具，检查和整理玩教具。 3. 关注幼儿区域活动时的生活护理。	1. 协助主班教师指导幼儿的活动。 2. 照顾个别需要帮助的幼儿。 3. 照顾活动中需要如厕的幼儿。
9:50—10:00	过渡环节	1. 如厕（自己学习穿、脱裤子，需要帮助找教师）。 2. 洗手（在教师的提醒下自己挽袖子）。 3. 自主接水、喝水。 4. 能找到贴有自己照片的柜子，取衣服尝试自己穿。 5. 先穿完衣服的幼儿在楼道里玩一些手头玩具。	1. 指导先喝完水的幼儿自取衣服穿外套。 2. 帮助幼儿塞裤子、拉拉链。 3. 组织幼儿排队说儿歌，做过渡游戏。	1. 协助主班教师带领幼儿洗手、喝水。 2. 帮助幼儿塞裤子、拉拉链。	1. 协助主班教师指导幼儿洗手、喝水。 2. 帮助幼儿塞裤子、拉拉链。	1. 协助主班教师组织幼儿有序喝水。 2. 擦拭活动室地面。 3. 擦拭马桶及盥洗室。
10:00—11:00	户外活动	1. 在教师指定的区域活动，有初步的安全意识和规则意识，不做危险动作。 2. 积极跟随教师进行游戏。	1. 有计划、有目的地组织幼儿热身、游戏，保证幼儿有充足、丰富的运动，在雾霾等天气下组织好室内活动。	1. 协助主班教师带领幼儿一起活动。 2. 如遇意外受伤的幼儿及时带去保健室。	1. 准备户外游戏材料。 2. 关注个别幼儿活动情况，进行个别指导，或带一组幼儿活动。	1. 协助主班教师组织幼儿进行户外活动。 2. 照顾速度慢的幼儿。 3. 参与活动中幼儿的指导和生活护理。

续表

时间	活动内容	幼儿	主班教师	次主班教师	助理教师	配班教师
			2. 选择安全的区域活动,注意照顾体弱的幼儿。 3. 根据天气掌握活动量,关注幼儿面部变化和出汗情况。 4. 指导助理教师准备户外材料。 5. 组织幼儿参与活动,活动前后清点人数。	3. 帮助主班教师清点人数,提醒和照顾个别动作慢的幼儿。	3. 指导和帮助幼儿收整户外玩教具材料。	4. 提前回班做消毒准备工作。
11:00 — 11:30	午餐	1. 跟随教师回教室。自己脱下外套,放在自己的柜子里。 2. 在教师的指导下洗手。 3. 参加安静的游戏活动。 4. 幼儿自取主食。 5. 幼儿双手拉出小椅子坐下。 6. 能够自主进餐。 7. 能够饭菜搭配吃。 8. 餐后自己擦嘴并送餐具、漱口。	1. 带领幼儿回班。 2. 组织幼儿进行活动(手指游戏、分享故事),并分组盥洗。 3. 教师播放进餐音乐,营造温馨舒适的就餐环境。 4. 指导幼儿进餐,教幼儿正确使用餐具,纠正不良习惯。 5. 提醒幼儿饭菜搭配吃。 6. 照顾个别有需要的幼儿。 7. 引导幼儿饭后漱口。	1. 组织幼儿洗手。 2. 帮助幼儿整理裤子。 3. 指导幼儿先如厕再洗手,不弄湿。 4. 协助主班教师指导幼儿进餐。	1. 指导幼儿脱衣服,盥洗。 2. 协助配班教师分饭。 3. 协助主班教师指导幼儿进餐。 4. 照顾个别有需要的幼儿。	1. 取饭。 2. 介绍当日餐食。 3. 为幼儿分餐(注意对超重儿和体弱幼儿的饮食指导)。 4. 分完餐后,协助主班教师照顾幼儿进餐。 5. 照顾个别进餐慢的幼儿。

续表

时间	活动内容	幼儿	主班教师	次主班教师	助理教师	配班教师
11:30	离园	1. 安静看书或游戏，等待家长长接。 2. 知道耐心等待教师叫名字，不自行到门口。	1. 为幼儿整理着装。 2. 为幼儿抹油。 3. 和家长简单说明幼儿在园情况。	1. 协助主班教师整理幼儿着装。 2. 照顾未离园的幼儿。	1. 协助主班教师整理幼儿着装。 2. 提醒幼儿如厕。 3. 帮助配班教师扫地。	1. 送餐具到厨房消毒。 2. 做清洁整理工作。 3. 做好餐后的清洁卫生工作（活动室、盥洗室）。
11:30 — 12:00			1. 了解当日未入园幼儿缺勤的原因。 2. 填写出勤幼儿记录。 3. 回复家长上午的信息。 4. 和个别家长简单沟通。	为下午活动做准备。	整理教具。	清洗幼儿的毛巾和水杯。

托班半日活动计划(2—3岁)

【入园接待】8:30—8:50(幼儿入园、盥洗、喝牛奶)

目标

1. 能够愉快地入园,在成人的提醒下与教师问好并能和家长说再见。
2. 在教师的提示下能够自主如厕、洗手、擦手、挂毛巾、拿水杯、喝牛奶,并把水杯放回自己的水杯格。

指导策略

1. 观察幼儿来园情绪,主动蹲下来微笑着与幼儿打招呼。对于情绪不佳的幼儿,教师可以尝试给予拥抱和爱抚,并与家长沟通在家情况。
2. 观察幼儿的身体状况,如有咳嗽、感冒等症状,应及时向家长了解原因,并给予随时关注。
3. 引导幼儿如厕、洗手和擦手,对于年龄小或有困难的幼儿,教师可给予协助,帮助幼儿挽袖子、脱穿裤子。
4. 观察幼儿的衣服是否有湿的情况,并及时给予更换。
5. 天气冷时应为幼儿掖好裤子。
6. 在舒缓的音乐伴随下指导幼儿双手端住自己的水杯喝牛奶,喝完牛奶可以喝一小口水,保持口腔清洁。提示幼儿把水杯放回自己的水杯格里。

【晨间活动】8:50—8:55(根据幼儿喝牛奶的情况进行教育活动前的热身)

(一)律动:《身体音阶歌》

目标

1. 在音乐的伴随下能够跟随教师有节奏地做律动。
2. 感受音乐带来的欢乐,喜欢参与音乐活动。

(二)问好、点数

目标

能在集体中与教师进行晨间问好,并借助玩偶式握手的方式,在教师的带领下尝试点数人数。

指导策略

1. 用热情饱满的情绪带动幼儿参与律动活动,用亲切的表情和夸张的动作引发幼儿的兴趣。
2. 对于不爱动的幼儿,教师可以走到幼儿身边鼓励带动其跟着教师一起活动。
3. 点数人数时,教师可以利用玩偶和幼儿拥抱点数,在点数的同时,给予每一个幼儿温暖的拥抱。

【教育活动】8:55—9:10(具体参考每月详案)

【过渡环节】9:10—9:15(如厕、洗手、喝水)

指导要点

1. 此环节可以通过玩手指谣的方式分组进行。一位教师带一组幼儿先去，另一组幼儿跟随教师做游戏，等第一组幼儿完成后再去。

2. 关注幼儿的表情和动作，提示幼儿自主如厕，便后能在教师的帮助下穿好裤子，并在教师用儿歌的提示下洗手、擦手。

3. 帮助有需要的幼儿挽袖子，并关注幼儿的衣服情况。

【区域活动】9：15—9：50

指导要点

1. 每位教师各有重点关注的区域，主班教师全面巡视，教师要在观察的基础上适宜地参与到幼儿的活动中。

2. 在区域活动中鼓励幼儿自主活动，教师指导以观察幼儿的活动表现为主，在幼儿有困难、需要帮助时及时给予一定的材料、经验或方法上的支持。

3. 对于有选择困难的幼儿，可以带领其一起操作材料。

4. 在指导过程中可以观察幼儿的专注力和动作发展情况，以及幼儿是否有意识自主选择或按照标志把玩具送回。

5. 对于积木区和娃娃家等幼儿特别感兴趣的区域，要有专门的教师带领幼儿一起参与活动，在幼儿出现问题的第一时间协助解决。

【过渡环节】9：50—10：00（收玩具、盥洗）

1. 教师可以用玩游戏的方式请幼儿收玩具，并如厕、盥洗。

2. 带领幼儿做律动游戏。

指导要点

1. 可以固定收玩具的音乐，在欢快的音乐伴随下，教师和幼儿一起收玩具。

2. 对生活环节的组织教师尽量多重复幼儿熟悉的游戏，采用分组的方式进行，确保教师对每一个幼儿的照顾到位。

3. 教师可采用多种游戏方式提示幼儿多喝水，同时要关注幼儿的衣服适宜情况，天冷时需帮助幼儿穿好外衣。

【户外活动】10：00—11：00

(一) 总体目标

1. 在运动和游戏中发展身体协调性和下肢力量。

2. 通过游戏提升走、跑、跳等动作技能。

3. 愿意参与户外活动，感受户外活动的乐趣。

(二) 活动内容

热身：教师念儿歌，幼儿根据儿歌内容做相应走、跑、跳的动作。

集体活动

活动名称：吹泡泡

活动目标：

1. 在教师的提示下做动作。

2. 乐于参与体育游戏。

活动方式：

教师带幼儿手拉手围成一个圆，说儿歌做游戏。儿歌：吹泡泡，吹泡泡，吹了一个大泡泡（手拉手围成圈），泡泡飞高了（踮脚双手上举），泡泡变低了（下蹲），啪！泡泡不见了（原地跳）。

分散活动

投放材料：球、软飞盘、软沙包、小车。

目标：幼儿能自主选择材料进行活动，体验活动的乐趣。

（备注：幼儿也可以选择继续跟一位教师玩变身小石头的游戏。）

指导策略：

1. 在集体活动过程中，教师可以设计走、爬、跳、跑等活动类型。游戏场地应宽敞，并能保证幼儿都在教师的视线范围内。

2. 在集体活动中，教师可以结合幼儿动作发展情况，降低或提高难度，以激发幼儿参与的兴趣。教师要关注幼儿的面部表情和出汗情况，在保证运动量的同时保证运动效果。

3. 在分散活动中，应准备人手一份活动材料，保证每个幼儿都有材料可以操作。

4. 从户外回班前可以有放松环节，和幼儿一起拍拍腿、揉揉胳膊等。

【午餐】11：00—11：30

就餐准备

引导幼儿盥洗，组织餐前安静活动。

指导要点

1. 和幼儿介绍饭菜，用游戏化的口吻调动幼儿进餐的兴趣和积极性。

2. 在舒缓音乐的陪伴下引导幼儿吃饭时不离开小椅子，小脚放在椅子的前面。一手扶碗一手拿勺大口进餐。

3. 指导幼儿吃完一口再吃一口，关注幼儿的进餐量。对于班级中体弱的幼儿和挑食的幼儿，可以用游戏的方式进行引导，也可以少盛再加。

4. 提示或帮助吃完饭的幼儿擦嘴。对于能力强的幼儿，提示他们送碗；对于能力弱的幼儿，可以引导他们把碗放在盘子里交给教师。

5. 可用儿歌引导幼儿进餐，例如："小勺子，变飞机，呜呜飞到嘴巴里，小嘴巴，飞机场，啊呜啊呜大口吃。"

【幼儿离园】11：30—12：00

1. 为幼儿整理衣服，和幼儿一起聊聊当天的活动。

2. 一位教师为幼儿讲故事，等待家长来接。

3. 主班教师依次引导幼儿离园，向家长简单说明幼儿在园情况，并和幼儿拥抱告别。

托班一日生活常规（2—3岁）

时间	活动内容	幼儿	主班教师	次主班教师	助理教师	配班教师
8:00—8:30	入园接待		7:30到岗。 1. 开窗通风。 2. 晨间擦拭（活动室的窗根、窗槽、鞋柜、更衣柜、钢琴、一体机、录音机等）。		7:30到岗。 晨间擦拭（备课室、活动室的教具柜、教具托盘、电脑桌等）。	7:30到岗。 1. 拿水杯、取水壶。 2. 晨间擦拭（盥洗室、消毒柜、洗衣机、瓷砖墙面、小便池）。 3. 消毒餐桌。 4. 到食堂取牛奶，报当日幼儿人数。
8:30—8:55		1. 幼儿如厕。 2. 用七步洗手法洗手。 3. 喝牛奶、喝水、送奶杯。能自主取奶、喝奶，并在教师提醒下将奶盒放到回收篮里。 4. 自选玩具进行游戏。	1. 指导幼儿喝牛奶，关注幼儿喝奶量。 2. 接待入园幼儿和家长。 3. 晨检：关注轻松喉咙。 4. 播放轻松的音乐，引导幼儿喝完牛奶自主玩玩具。		1. 指导、照顾幼儿盥洗，协助幼儿挽袖子。 2. 对晚到的幼儿进行晨检，指导幼儿洗手，挂毛巾。	1. 协助主班教师指导幼儿喝牛奶。 2. 协助幼儿喝完奶后喝水。
8:55—9:10	教育活动	1. 愿意参加集体活动。 2. 能跟随教师提出的简单问题，并回应。 3. 有初步倾听的意识和集体规则意识。	1. 组织教育活动。 2. 兼顾全班幼儿，给予每个幼儿参与和表达的机会。	作为下午班主班教师9:00上班。	1. 协助主班教师开展活动或操作展示。 2. 照顾个别有特殊需要的幼儿。	1. 打扫卫生，完成消毒工作。 2. 配合主班教师开展活动。

续表

时间	活动内容	幼儿	主班教师	次主班教师	助理教师	配班教师
9:10—9:15	过渡环节	1. 如厕（自己学习穿、脱裤子），需要帮助的找教师。2. 洗手（在教师的提醒下自己挽袖子）。3. 自主接水、喝水。	1. 组织游戏、分组喝水。2. 先喝完水的幼儿选择区域活动。3. 确保关注每个幼儿。	1. 指导幼儿如厕、洗手。2. 帮助幼儿挽袖子。3. 帮助幼儿整理裤子。	1. 指导幼儿如厕、洗手。2. 帮助幼儿挽袖子。3. 帮助幼儿整理裤子。	1. 准备好温水。2. 指导幼儿双手端着杯子喝水。3. 提醒幼儿照片对应的水杯格。
9:15—9:50	区域活动	1. 自选区域玩教具进行区域游戏。2. 知道整理把个托盘端出来游戏。3. 知道每个区域对应的活动范围。4. 在教室中自主选择，对玩具有兴趣。5. 知道物归原位。	1. 有计划、有目的地组织幼儿区域活动。2. 全面把握幼儿的活动状况，适时给予个别指导。3. 观察幼儿的区域活动情况，并做观察记录。4. 区域活动结束后，组织多种形式的律动游戏。	1. 观察幼儿的区域活动情况，并做观察记录。2. 关注幼儿操作玩教具遇到的问题，并给予适宜的支持。3. 关注幼儿区域活动的生活需要。	1. 协助主班教师进行个别指导、负责收集幼儿照片。2. 指导和整理玩教具检查。3. 关注幼儿区域活动时的生活护理。	1. 协助主班教师区域活动。2. 照顾个别幼儿。3. 照顾活动中需要如厕的幼儿。
9:50—10:00	过渡环节	1. 如厕（自己学习穿、脱裤子），需要帮助的找教师。2. 洗手（在教师的提醒下自己挽袖子）。3. 自主接水、喝水。4. 能找到贴有自己照片的柜子，取衣服尝试自己穿。5. 先穿完衣服先玩、在楼道里玩一些手头玩具。	1. 指导幼儿先喝完水的自取户外装。2. 帮助幼儿塞裤子、拉拉链。3. 组织幼儿排队唱儿歌、做过渡游戏。	1. 协助主班教师指导幼儿洗手、喝水。2. 帮助幼儿塞裤子、拉拉链。	1. 协助主班教师指导幼儿洗手、喝水。2. 帮助幼儿塞裤子、拉拉链。	1. 协助幼儿有序喝水，照顾幼儿。2. 擦拭活动室地面。3. 擦拭马桶及盥洗室。

续表

时间	活动内容	幼儿	主班教师	次主班教师	助理教师	配班教师
10:00—11:00	户外活动	1. 在教师指定的区域活动和初步的安全意识和规则意识，不做危险动作。 2. 积极跟随教师进行游戏活动，在活动中发展身体的协调性，提升运动能力。	1. 有计划、有目的地组织幼儿热身、游戏，保证活动量有充足、丰富的运动，在雾霾天气下组织好室内活动。 2. 选择安全的区域活动，照顾体弱的幼儿，注意动静交替。 3. 根据天气掌握活动量，关注幼儿面部变化和出汗情况。 4. 指导助理教师准备户外材料。 5. 组织幼儿活动前后清点人数。	1. 协助主班教师带领幼儿一起带活动。 2. 如遇意外受伤的幼儿及时带去保健室。 3. 帮助主班教师清点人数，提醒和照顾个别动作慢的幼儿。	1. 准备户外游戏材料。 2. 关注个别幼儿活动情况，进行个别指导，或带一组幼儿活动。 3. 指导和帮助幼儿收整户外玩教具材料。	1. 协助主班教师组织幼儿进行户外活动。 2. 照顾速度慢的幼儿。 3. 参与指导幼儿户外活动中的生活护理。 4. 提前回班做消毒准备工作。
11:00—11:30	午餐	1. 跟随教师回教室，自己脱下外套，放在自己的柜子里。 2. 在教师的指导下洗手。 3. 参加安静的游戏活动。 4. 幼儿自取主食。 5. 幼儿双手拉出小椅子，坐下。 6. 能够自主进餐。 7. 能够饭菜搭配吃。	1. 带领幼儿回班。 2. 组织幼儿进行活动（手指游戏、分享故事），并指导幼儿分组盥洗。 3. 教师播放餐音乐，营造温馨舒适的就餐环境。 4. 指导幼儿进餐，教幼儿正确使用餐具，纠正不良习惯。	1. 组织幼儿洗手。 2. 帮助幼儿整理裤子。 3. 指导幼儿先如厕再洗手，提醒幼儿不把衣服弄湿。 4. 协助主班教师指导幼儿进餐。	1. 指导幼儿脱衣服、盥洗。 2. 协助配班教师分饭。 3. 协助主班教师指导幼儿进餐。 4. 照顾个别有需要的幼儿。	1. 取饭。 2. 介绍当日餐食。 3. 为幼儿和体弱儿分餐（注意对超重儿和体弱儿的饮食指导）。 4. 分完餐后，为幼儿午睡做准备，去睡眠室铺被子、关窗户、拉窗帘。 5. 照顾个别进餐慢的幼儿。

续表

时间	活动内容	幼儿	主班教师	次主班教师	助理教师	配班教师
11:30—12:00	睡前准备	8. 餐后自己擦嘴并送餐具。 1. 饭后漱口。 2. 搬椅子、拿拖鞋、脱衣服（鞋、袜子、裤子、上衣），简单整理。 3. 如厕后找到自己的床上床入睡。	5. 提醒幼儿饭菜搭配吃。 6. 照顾个别有需要的幼儿。 1. 指导先吃完饭或餐后安静活动或餐后散步。 2. 指导幼儿脱衣服。 3. 拍手互道午安，并检查幼儿的口中、手中是否有异物。 4. 播放睡前故事，营造温馨的睡觉氛围，照顾幼儿上床午睡。 5. 关注幼儿的睡姿和被子是否盖好。 6. 照顾入睡困难的幼儿，可以在旁边陪伴。	午餐。	1. 帮助先进睡眠室的幼儿盖好被子。 2. 指导吃完饭的幼儿漱口。 3. 指导先吃完饭的幼儿搬椅子、拿拖鞋、准备午睡。 4. 协助主班教师帮幼儿脱衣服、整理衣服。 5. 提示幼儿进睡眠室前先去盥洗室如厕。	1. 做清洁整理工作。 2. 做好餐后的清洁卫生工作。 3. 关注上厕所的幼儿。
12:00—14:00	教师午餐	幼儿午睡。	12:00—12:30午餐。	接替上午主班教师的工作，照顾幼儿午睡。	午餐、休息。	午餐、休息。
14:00—14:30	幼儿午睡	幼儿午睡。	1. 关注幼儿午睡情况。 2. 帮助个别幼儿盖好被子。 3. 关注中途如厕的幼儿。	备注：1. 此时次主班教师交接工作，次主班教师从午睡环节开始接替主班教师工作。 2. 上午主班教师就餐后协助照顾幼儿午睡。	准备幼儿下午需要的午点（水果、干果、饼干）。	准备幼儿下午的饮水，给活动室桌面消毒。

19

续表

时间	活动内容	幼儿	主班教师	次主班教师	助理教师	配班教师
14:30—15:00	起床、加餐	1. 找到自己的椅子，穿衣服（上衣、裤子、袜子、鞋子）。 2. 送拖鞋，把椅子送回，如厕、洗手。 3. 吃水果，喝水。	1. 开灯，放音乐，师生互相问好，教师做好午检。 2. 帮助幼儿整理穿好的衣服，送回拖鞋和小椅子。 3. 提醒幼儿如厕、洗手。 4. 指导幼儿双手端住水果盘放到桌子上，双手拉出椅子。	1. 帮助幼儿穿衣服，特别是动作慢的幼儿。 2. 指导幼儿将拖鞋和小椅子送回原位。	照顾先穿完衣服的幼儿如厕、洗手、吃水果。	1. 睡眠室开窗通风。 2. 叠被子。 3. 擦睡眠室的地面。 4. 清洗、晾晒幼儿尿湿的衣服、床单、被褥。
15:00—15:15	阅读与游戏	跟随教师进行小组或集体活动。	1. 组织音乐律动和游戏活动，吸引幼儿积极参与。 2. 结合幼儿的年龄特点，小组或者集体分享故事或组织游戏。	1. 照顾动作慢和有需要的幼儿。 2. 在活动中关注幼儿的情绪和表现。	1. 关注幼儿的体温和身体状态，协助主班教师组织活动。 2. 和幼儿一起参与活动。	1. 完成睡眠室和盥洗室的清洁工作。 2. 协助主班教师照顾如厕的幼儿。
15:15—16:20	幼儿户外活动	1. 自己从柜子里取出外套，学习自己穿。 2. 先穿完的幼儿在楼道里玩一些简单的玩具。 3. 在教师指定的区域活动，有初步的安全意识。	1. 有计划、有目的地组织幼儿热身、游戏，保证幼儿有充足、丰富的运动，在雾霾等天气下组织好室内活动。 2. 选择安全的区域活动。	上午班主班教师 16:00下班。	1. 指导幼儿整理裤子、擦护油。 2. 准备户外游戏材料，组织小组幼儿到户外活动。 3. 如遇意外受伤的幼儿。	1. 协助主班教师组织幼儿进行户外活动。 2. 照顾速度慢的幼儿。 3. 参与幼儿户外活动中的生活指导和活动护理。

20

续表

时间	活动内容	幼儿	主班教师	助理教师	配班教师
		和规则意识，不做危险动作。 4. 积极跟随教师进行游戏活动，在活动中发展身体的协调性，提升运动能力。 5. 喜欢参与游戏，玩完的游戏材料能送回给老师。	照顾体弱的幼儿，注意动静交替。 3. 根据天气掌握活动量，关注幼儿面部变化和出汗情况。 4. 指导助理教师准备户外材料。 5. 组织幼儿参与活动，活动前后清点人数。	及时带去保健室。 4. 指导和帮助幼儿收整户外玩教具材料。	4. 提前回班做消毒准备工作。
16:20 — 16:50	幼儿晚餐	1. 跟随教师回教室。 2. 自己脱下外套，放在自己的柜子里。 3. 参加安静的游戏活动。 4. 自取主食。 5. 双手拉出小椅子坐下。 6. 能够自主进餐。 7. 能够饭菜搭配吃。 8. 餐后自己擦嘴并送餐具，漱口。	1. 带领幼儿回班。 2. 组织幼儿进行活动（手指游戏、分享故事），并分组盥洗。 3. 教师播放餐前音乐，营造温馨舒适的就餐环境。 4. 指导幼儿正确使用餐具。 5. 提醒幼儿饭菜搭配吃，纠正不良习惯。 6. 照顾个别有需要的幼儿。 7. 引导幼儿餐后漱口。	1. 指导幼儿脱衣服，盥洗。 2. 协助配班教师分饭。 3. 协助主班教师指导幼儿进餐。 4. 照顾个别有需要的幼儿。	1. 取饭。 2. 介绍当日餐食。 3. 为幼儿分餐（注意对超重儿和体弱幼儿的饮食指导）。 4. 清洗幼儿毛巾并晾晒。 5. 清洗幼儿水杯、装袋。 6. 打扫盥洗室卫生（便池、地面、水池）。

21

续表

时间	活动内容	幼儿	主班教师	次主班教师	助理教师	配班教师
16:50—17:00	幼儿离园准备	1. 安静看书或玩玩具。 2. 做律动或参与教师组织的故事讲述活动，等待家长接。	1. 为幼儿整理衣服。 2. 擦嘴、抹油。		1. 协助主班教师整理幼儿着装。 2. 提醒幼儿如厕，帮助配班教师扫地。	1. 做清洁整理工作。 2. 清洗勺子，送碗碟，将装水杯的袋子送到厨房。 3. 做好餐后的卫生工作。
17:00—17:30	离园	1. 知道耐心等待，不独自跑到门口。 2. 在离园时，能在教师的提示下说再见。	1. 和家长简单说明幼儿在园情况。 2. 引导幼儿和教师说再见。 3. 照顾晚接的幼儿。		1. 收整玩教具。 2. 协助配班教师整理班级环境。	1. 清理活动室地面。 2. 离园前关水、电、门窗，扔垃圾。

托班一日活动计划（2—3岁）

【入园接待】 8:00—8:50（幼儿入园、盥洗、喝牛奶）

目标

1. 能够愉快入园，在成人的提醒下与教师问好并能和家长说再见。
2. 在教师的提示下能够自主如厕、洗手、擦手、挂毛巾、拿水杯、喝牛奶，并把水杯放回自己的水杯格。

指导策略

1. 观察幼儿来园情绪，主动蹲下来微笑着与幼儿打招呼。对于情绪不佳的幼儿，教师可以尝试给予拥抱和爱抚，并与家长沟通幼儿在家情况。
2. 观察幼儿的身体状况，如有咳嗽、感冒的情况，应及时向家长了解情况，并给予关注。
3. 引导幼儿入园后小便、洗手和擦手，对于年龄小或有困难的幼儿，教师可给予协助，帮助幼儿挽袖子、脱穿裤子。
4. 观察幼儿的衣服是否有湿的情况，并及时给予更换。天气冷时应为幼儿掖好裤子。
5. 在舒缓的音乐伴随下，指导幼儿双手端住自己的水杯喝奶，喝完奶可以喝一小口水，保持口腔清洁，并把水杯放回自己的水杯格里。

【晨间活动】 8:50—8:55

（一）律动：《大河马》《饼干舞》

目标

1. 能够跟随教师有节奏地做律动。
2. 感受音乐带来的欢快情绪，喜欢参与音乐活动。

（二）问好、点数

目标

能与教师进行晨间问好，并在教师的带领下点数人数。

指导策略

1. 积极引导和带领幼儿参与律动活动，用亲切的表情和动作引发幼儿的兴趣。
2. 对于不爱动的幼儿，教师可以走到幼儿身边鼓励其活动。
3. 点数人数时，教师可以利用玩偶和幼儿拥抱点数，在点数的同时，给予每一个幼儿温暖的拥抱。

【教育活动】 8:55—9:10（具体参考每月详案）

【过渡环节】 9:10—9:15（如厕、洗手、喝水）

指导策略

1. 此环节可以以延续游戏的方式分组进行。一位教师带一组幼儿先去，另一组幼儿跟随教师做游戏，等第一组幼儿完成后再去。

2. 关注幼儿的表情，提示幼儿自主如厕，便后能在教师的提示下洗手、擦手。

3. 帮助有需要的幼儿挽袖子，并关注幼儿的衣服情况。

4. 指导幼儿双手端住自己的水杯喝牛奶，喝完牛奶可以喝一小口水，保持口腔清洁。

5. 提示幼儿把水杯放回自己的水杯格里。

6. 速度快的幼儿可以先去区域操作玩具。

【区域活动】9：15—9：50

指导要点

1. 每位教师各有重点关注的区域，主班教师全面巡视。

2. 在区域指导中以观察幼儿的活动表现为主，在幼儿有困难、需要帮助时及时给予一定的材料、经验或方法上的支持。

3. 对于有选择困难的幼儿，可以带其去操作材料。

4. 在指导过程中可以观察幼儿的专注力和动作发展情况，以及幼儿是否有意识自主选择或按照标志把玩具送回。

5. 对于积木区和娃娃家等幼儿感兴趣又易发生争执的区域，要有专门教师参与，带领幼儿一起玩游戏。当幼儿出现问题时，要第一时间协助解决。

【过渡环节】9：50—10：00（收玩具、盥洗）

教师可以用玩游戏的方式请幼儿收玩具，并如厕、盥洗。

师："小朋友们，现在我们要变成会帮忙的小鳄鱼，谁能帮我一起把玩具放回家？放回玩具的小朋友可以跟着教师到盥洗室盥洗。"

指导策略

1. 可以播放欢快的音乐，告诉幼儿要收玩具了。

2. 可以重复以前的游戏，尽量采用分组的方式进行，以免幼儿拥挤发生碰撞。

3. 应提示幼儿多喝水，以免户外活动时身体缺水，同时要关注幼儿的衣服适宜情况，天冷时需帮助幼儿穿好外衣。

【户外活动】10：00—11：00

(一)总体目标

1. 在运动和游戏中发展身体协调性和下肢力量。

2. 通过游戏提升走、跑、跳等动作技能。

3. 愿意参与户外活动，感受户外活动的乐趣。

(三)活动内容

集体活动

活动名称：开汽车

活动目标：

1. 练习走和跑的动作，增强腿部肌肉力量。

2. 能够听指令，发展反应能力。

活动准备：方向盘人手一个，停车场标识，空的场地。

活动方式：

幼儿手握方向盘扮演小司机，两只小手握住方向盘，控制小汽车的方向，听教师的指令。教师说："山路请慢行。"幼儿走路。教师说："高速公路请快速通过。"幼儿跑起来，开到"停车场"时幼儿休息。

分散活动

投放材料：球、飞盘、轮胎、沙包。

目标：

1. 幼儿能自主选择材料进行活动，体验个体游戏的乐趣。

2. 一部分幼儿可继续跟一位教师玩游戏，另一部分幼儿可自行选择户外材料。

指导策略

1. 可以设计走、爬、跳、跑等活动类型。游戏场地应宽敞，并能保证幼儿都在教师的视线范围内。

2. 在集体活动中，教师可以结合幼儿动作发展情况，降低或提高难度，以激发幼儿参与的兴趣。教师要关注幼儿的面部表情和出汗情况，在保证运动量的同时保证运动效果。

3. 在分散活动中，应准备人手一份活动材料，保证每个幼儿都有材料可以操作。

4. 从户外回班前可以有放松环节，和幼儿一起拍拍腿、揉揉胳膊等，稳定情绪，跟随教师回班进餐。

【午餐】11：00—11：30

就餐准备

引导幼儿盥洗，组织餐前安静活动。

指导要点

1. 引导幼儿吃饭时不离开小椅子，小脚放在椅子的前面，一手扶碗一手拿勺大口进餐。

2. 指导幼儿吃完一口再吃一口，关注幼儿的进餐量。对于班级中体弱的幼儿和挑食的幼儿，可以用游戏的方式进行引导，也可以少盛再加。

3. 提示吃完饭的幼儿擦嘴。对于能力强的幼儿，可以提示他们送碗；对于能力弱的幼儿，可以引导他们把碗放在盘子里交给教师。

4. 进餐指导语：小勺子，变飞机，呜呜飞到嘴巴里。小嘴巴，飞机场，啊呜啊呜大口吃。

【幼儿午睡】11：30—14：30

午睡准备

引导幼儿搬椅子，拿拖鞋，睡前安静活动。

指导要点

1. 教师提前进入睡眠室拉好窗帘，放好被子，播放温馨舒适的音乐，营造安静入睡的氛围。

2. 速度快的幼儿可以在教师的引导下搬小椅子、拿拖鞋，准备好午睡衣服。

3. 主班教师进行故事讲述或做手指谣等语言小游戏，其他教师协助速度慢的幼儿做好餐后的清洁工作。

4. 引导幼儿按照鞋—裤子—袜子—上衣的顺序脱衣服，和教师拥抱问好后如厕，进入睡眠室午睡。确保幼儿的头绳等小物件不带入睡眠室。

5. 安抚照顾幼儿入睡，关注幼儿的睡觉情况，及时为幼儿盖好被子，注意室内温度的适宜性。

6. 对于中途有如厕要求的幼儿，要有专门的教师跟随。对于容易尿床的幼儿，教师要给予关注，及时更换被褥，或叫醒如厕。

【起床、加餐】14：30—15：00

目标

听到教师的呼唤，准备起床。

指导要点

1. 拉开窗帘，轻轻地呼唤幼儿起床。测量体温，同时留意出汗多的幼儿，帮助其擦汗，防止其感冒。

2. 根据需要，适当帮助幼儿穿衣服，对于需要扎头发的幼儿，教师帮忙系好头绳。

3. 指导幼儿洗手，来到桌子前坐下，为幼儿倒水和准备午点。

4. 提示幼儿坐在小椅子上喝水，喝完水后吃午点。

5. 先吃完午点的幼儿可以看书或玩玩具。

【阅读与游戏】15：00—15：15

活动内容

图画书分享《小金鱼逃走了》。

活动目标

1. 能够仔细观察画面，找到小金鱼。

2. 喜欢听故事，在说、看、找中体验阅读的乐趣。

活动准备

经验准备：幼儿有观察图片细节的经验。

物质准备：《小金鱼逃走了》图画书PPT、小金鱼卡片若干。

活动过程

1. 教师引导幼儿观察认识小金鱼。

教师出示小金鱼图片，请幼儿观察其外形、颜色、眼睛、嘴巴、尾巴。

2. 教师讲述故事，引导幼儿仔细观察画面，找找小金鱼在哪里。

3. 请幼儿找一找教室里的小金鱼。

教师提前将小金鱼藏在教室的角落,请幼儿找一找小金鱼藏在哪里了。

【过渡环节】15:15—15:20

指导策略

1. 可以播放欢快的音乐,提示幼儿要户外活动了。

2. 可以重复以前的游戏,尽量采用分组的方式进行如厕、喝水等户外前准备,以免幼儿拥挤发生碰撞。

3. 提示幼儿多喝水,以免户外活动时身体缺水。同时要关注幼儿的衣服适宜情况,天冷时帮助幼儿穿好外衣。

【户外活动】15:20—16:20

(一)总体目标

1. 在运动和游戏中发展身体协调性和下肢力量。

2. 通过游戏提升走、跑、跳等动作技能。

3. 愿意参与户外体育活动,感受体育活动的乐趣。

(二)活动内容

集体活动

活动名称:揪尾巴。

活动目标:提高身体灵活性。

活动准备:每个幼儿一条自制"尾巴"。

活动内容:幼儿或者教师将"尾巴"系在腰上,另一方揪"尾巴",有"尾巴"的幼儿闪躲,不让对方揪到自己的"尾巴"。

分散活动

投放材料:球、飞盘、轮胎、沙包、方向盘等。

目标:

1. 幼儿能自主选择材料进行活动,体验个体活动的乐趣。

2. 一部分幼儿可继续与一位教师玩游戏,另一部分幼儿可自行选择户外材料。

指导策略

1. 在游戏过程中,教师可以设计走、爬、跳、跑等活动类型。游戏场地应宽敞,并能保证幼儿都在教师的视线范围内。

2. 可以结合幼儿动作发展情况,降低或提高难度,以激发幼儿参与的兴趣。要关注幼儿的面部表情和出汗情况,在保证运动量的同时保证运动效果。

3. 在分散活动中,应准备人手一份活动材料,保证每个幼儿都有材料可以操作。

4. 从户外回班前可以有放松环节,和幼儿一起拍拍腿、揉揉胳膊等,稳定情绪,跟随教师回班进餐。

【晚餐】16:20—16:50

就餐准备

引导幼儿进行盥洗，组织餐前安静活动。

指导要点

1. 引导幼儿吃饭时不离开小椅子，小脚放在椅子的前面。一手扶碗一手拿勺大口进餐。

2. 指导幼儿吃完一口再吃一口，关注幼儿进餐量。对于班级中体弱的幼儿和挑食的幼儿，可以用游戏的方式引导，也可以少盛再加。

3. 关注幼儿使用勺子的方法，提示幼儿可以用八字拿勺法进餐。

4. 提示吃完饭的幼儿擦嘴。对于能力强的幼儿，可以提示他们送碗；对于能力弱的幼儿，可以引导他们把碗放在盘子里交给教师。

【幼儿离园】16:50—17:30

1. 为幼儿整理着装。

2. 一位教师与幼儿做律动或讲故事，等待家长来接。

3. 主班教师依次引导幼儿离园，与家长简单说明幼儿在园情况。

九月
你好，新朋友

月工作计划和周工作计划

九月工作计划

本月重点	认识教师，熟悉班级环境，初步掌握基本的生活技能，能够在成人的鼓励下愉快地进入教室。	
发展目标	生活与卫生习惯	1. 熟悉托班环境，在教师的帮助下盥洗、喝水、如厕。 2. 在教师的指引下，能找到自己常用物品（水杯、毛巾）的标记和位置，并能按标记使用。 3. 在教师的指导下知道餐前及户外活动后要洗手。 4. 在教师的鼓励下能用小勺进餐。 5. 认识自己的小床，能在教师的陪伴下入睡。
	动作	1. 能平衡、协调地在平地上走。 2. 能较协调地手膝着地爬。 3. 能上身挺直向前跑，不摔跤。
	语言	1. 知道自己的名字，别人叫自己名字时会应答。 2. 喜欢模仿听到的各种象声词。
	认知	1. 对图画书感兴趣，喜欢听故事，能将生活经验与故事相联系。 2. 乐于摆弄和探索班级玩教具材料。 3. 喜欢听音乐，乐于跟随教师一起做动作。
	情感与社会性	1. 熟悉班级教师，接纳和适应新环境、新的生活流程。 2. 知道自己所在的班级，在户外时不离开自己班级的教师和小朋友。 3. 知道中秋节要吃月饼，喜欢听或看中秋节的故事。
教师指导重点	1. 帮助幼儿熟悉班级教师、环境，通过音乐、游戏、儿歌、故事等多种活动帮助幼儿缓解分离焦虑。 2. 接纳每一个幼儿不同的适应速度和表现，允许幼儿带自己熟悉的小物品陪伴入园。 3. 利用互动、活泼的，幼儿喜爱的动物、动画形象等，布置教室环境。	
家园配合要点	1. 相信幼儿，相信教师，坚持送幼儿入园，送幼儿入园后，不在门口及窗外逗留。给予幼儿正向鼓励。 2. 入园时请不要在幼儿的口袋里装小物件，回家后让幼儿多吃清淡食物，多吃水果，多喝水。	

九月第一周工作计划

	星期一	星期二	星期三	星期四	星期五

本周工作目标：
1. 帮助幼儿认识并熟悉教师、班级环境，使幼儿初步感受托班一日生活流程。
2. 关注并照顾幼儿的生活及情绪，每天入园亲切与幼儿问好，多抱抱幼儿，记住幼儿的小名，细心观察幼儿，耐心帮助幼儿缓解分离焦虑情绪。

教育活动	1. 本周教师不必组织过多的集体活动，重点在于安抚幼儿的情绪，需要有更多教师给予幼儿更多的关注，甚至是一对一的安抚，所以建议园所根据需要安排教学班之外的教师和人员参与协助。 2. 主班教师需要把握好一日流程，基于幼儿的情绪状态适时、灵活调整一日流程，多到户外活动，多用音乐、游戏、儿歌、故事吸引幼儿注意，引导幼儿熟悉和适应在园一日生活。 3. 班级教师要明确分工，有专门负责照看哭闹较为严重幼儿的教师，面对有严重分离焦虑的幼儿，要接纳幼儿的情绪，多用拥抱和微笑去感染幼儿，耐心陪伴幼儿。
生活指导	1. 帮助幼儿通过照片认识自己的常用物品，并能按标记使用。 2. 引导幼儿熟悉在班级中盥洗、如厕、活动、睡觉的地方。
体育游戏	集体游戏1：开飞机 目标： 1. 会一个跟着一个走，学会排队，不推也不挤。 2. 喜欢参加户外活动，愿意和大家一起参与游戏。 集体游戏2：吹泡泡 目标： 1. 较协调地做出踮脚、下蹲、后跳动作。 2. 愿意和同伴一起游戏。
家园配合	1. 提前带幼儿熟悉幼儿园和班级环境，认识班级教师，做好入园准备。 2. 培养幼儿良好的作息习惯，鼓励幼儿多喝水。 3. 给幼儿准备适宜穿脱的衣服、鞋子以及备用衣物等。

九月第二周工作计划

	星期一	星期二	星期三	星期四	星期五
教育活动	社会活动：我的老师 目标： 1. 能从容貌、声音、身体等特征分辨教师，并大声说出"×老师"。 2. 愿意跟教师互动，对教师的问题有应答。	社会活动：教室里的"我" 目标： 1. 能够认出自己的照片。 2. 能通过照片找到自己物品的位置。	语言活动：《拉尼尼》 目标： 1. 学说"拉尼尼，拉尼尼，去厕所拉尼尼"。 2. 在教师鼓励下，能主动表达如厕的需求。	认知活动：我的幼儿园 目标： 1. 初步熟悉幼儿园的环境。 2. 愿意跟随班级教师，不离开集体。	音乐活动：小星星 目标： 1. 喜欢和教师一起演唱歌曲。 2. 体验音乐活动的乐趣。

本周工作目标：
1. 继续帮助幼儿稳定情绪。
2. 引导幼儿熟悉自己的水杯、毛巾的位置，能依据自己的照片，将自己的水杯、毛巾放回原位。

生活指导	1. 指导幼儿找到自己的水杯，双手端杯子喝水，鼓励幼儿多喝水。 2. 指导幼儿用小勺进餐，鼓励幼儿自主进餐。

体育游戏	集体游戏1：吹泡泡（复习） 目标： 1. 较协调地做出踮脚、下蹲、后跳动作。 2. 愿意和同伴一起游戏。	集体游戏2：小孩小孩真爱玩 目标： 1. 能听信号向指定方向跑。 2. 愿意与同伴一起游戏。

家园配合	1. 幼儿开始熟悉幼儿园，但情绪不稳定，建议家长只要孩子健康一定要坚持每天送幼儿来园。 2. 鼓励幼儿在家用水杯喝水，并能喝完放回固定位置。 3. 鼓励幼儿在家独立吃饭。

九月第三周工作计划

本周工作目标：
1. 继续引导幼儿熟悉日常生活活动各环节。
2. 布置舒适的阅读角，鼓励幼儿自己翻阅图书。

	星期一	星期二	星期三	星期四	星期五
教育活动	**语言活动**：你叫我答应 目标： 1. 知道别人呼唤自己名字时要答应。 2. 在你问我答的过程中有初步的交往意识。	**音乐活动**：开始与停止 目标： 1. 在开汽车的情境游戏中，感知音乐的开始和停止。 2. 体验跟随音乐控制身体的乐趣。	**体育活动**：爬爬乐 目标： 1. 学习手膝着地爬的动作要领。 2. 乐于参与体育活动。	**语言活动**：《交通工具捉迷藏》 目标： 1. 初步了解常见交通工具的声音和特征。 2. 在教师的引导下尝试说出常见交通工具的名称。	**音乐活动**：笑一个吧 目标： 1. 能区分几种不同的表情。 2. 喜欢参与唱歌活动。
生活指导	1. 帮助幼儿掌握洗手和擦手的正确方法。 2. 指导幼儿学习双手拉出小椅子坐下来。					
体育游戏	集体游戏1：小孩小孩真爱玩（复习） 目标： 1. 能听信号向指定方向跑。 2. 愿意与同伴一起游戏。				集体游戏2：开汽车 目标： 1. 练习走和跑的动作，增强腿部肌肉力量。 2. 能够听指令做动作，提升反应能力。	
家园配合	1. 帮助幼儿在家学习自主如厕。 2. 引导并和幼儿一起收拾玩具，鼓励幼儿玩完将玩具放回原位。				

九月第四周工作计划

本周工作目标：
1. 引导幼儿表达自己的意愿，有需要时能求助教师。
2. 帮助幼儿熟悉幼儿园的整体环境。

	星期一	星期二	星期三	星期四	星期五
教育活动	**体育活动**：小花猫捉老鼠 目标： 1. 发展跑的动作，在教师的指导下有躲避的意识。 2. 喜欢参与体育活动，并能初步遵守规则。	**美术活动**：香香的月饼 目标： 1. 学习初步的团、压等动作技能。 2. 知道中秋节吃月饼，体验节日的欢快气氛。	**社会活动**：老师请你帮帮我 目标： 1. 在遇到困难时愿意寻求教师帮助。 2. 学说"请你帮帮我""谢谢"等礼貌用语。	**音乐活动**：我爱我的幼儿园 目标： 1. 知道歌曲名字，初步学唱歌曲。 2. 愿意与同伴一起唱歌、表演。	**社会活动**：我会排队 目标： 1. 知道排队的重要性。 2. 初步理解并能做到适时等待。
生活指导	1. 引导幼儿初步学习上厕所穿、脱裤子的方法。 2. 引导幼儿学习扶着栏杆上、下楼梯。					
体育游戏	集体游戏1：大巨人小矮人 目标： 1. 能听指令做动作。 2. 提升反应能力。			集体游戏2：快乐的小兔 目标： 1. 初步学习双脚连续向前跳。 2. 在游戏的过程中体验与同伴一起游戏的快乐。		
家园配合	1. 引导并鼓励幼儿主动表达自己的意愿。 2. 可以结合图画书《月亮，你好吗？》《月亮的味道》等，进行相关的亲子阅读活动。				

第一周工作内容

第一部分：入园适应

对于很多有新入园幼儿的家庭而言，九月是一个痛并快乐的时段。快乐源自幼儿的成长，幼儿可以离开家庭走进幼儿园，迈出人生中的第一步。痛则更多是因为幼儿包括家长的分离焦虑。面对新环境，大部分幼儿都会因与家人分离而出现不同程度的哭闹、焦虑等情绪反应；同样，很多家长也会因和幼儿的分离出现不同程度的担心、忧虑和紧张情绪。家长这些情绪又会反过来影响幼儿，让幼儿产生对新环境的不适应和不接纳。所以开学第一个月，教师一定要重点关注和稳定幼儿的情绪，充分理解幼儿对新环境、新生活的不适感，对幼儿的消极情绪给予接纳和包容，用积极的关注和温暖的回应让幼儿感受到如家一般的温暖。

首先，教师可以在开学前通过家访、问卷调查等方式了解幼儿的性格特点及喜好、语言表达及生活自理能力等，在幼儿入园前认真分析家长问卷，为更快地了解幼儿做好准备。其次，创设温馨的环境，给予幼儿安全感；准备好听的音乐、有趣的手偶玩具、有吸引力的游戏，缓解他们的焦虑情绪；在班级教室的一角陈列家庭照片，让幼儿可以在班级环境中找到熟悉的人，也可以让幼儿带一些自己喜欢的物品陪伴入园。此外，应循序渐进地为幼儿介绍班级的每一位教师和物品等，逐步消除幼儿对陌生环境和事物的距离感，建立对班级环境的亲近感。最后，帮助他们熟悉幼儿园的一日生活，逐步掌握基本的生活技能，提升自我服务的意识和能力，并鼓励他们在新环境中交往、探索，进而帮助他们尽快适应集体生活。

每一个幼儿都会出现不同程度的分离焦虑，但面对不同类型的幼儿，教师应该如何有针对性地给予支持，又应该如何与家长沟通协作？对于不同类型幼儿的分离焦虑有不同的策略。

（一）快速转换型

[案例]

明明是一个特别帅气的男孩，有一双大眼睛。今天是妈妈送他来幼儿园，他用手抱着妈妈的脖子大声哭喊："我不去幼儿园，我要回家。"但是，当老师把他接进班级，稍加安抚，还没有走到盥洗室，他的情绪就已经平复了。

（1）幼儿特点分析：像明明这样的孩子，在家长面前哭得很厉害，进教室就能很快平复情绪，或者在教师引导后能很快平复情绪，他们哭更多是表现给家长看的，希望以此来获取家长的关注。

（2）教师支持策略：针对这类幼儿，教师应该相对减少孩子和家长道别的时间，可以用小手偶、小玩具等新奇的玩具吸引他们进班。

（3）家长引导策略：这类幼儿的家长大多自身都比较容易焦虑，家长的情绪间接影响孩子，使孩子容易对入园产生不安情绪。我们要引导家长正确认识孩子的情绪表现，让家长先放平心态，理解孩子哭也是一种适应环境、表达情绪的方式；让家长明确在送孩子时记住两个"不要"，两个"要"。"一不要"偷偷走掉，孩子会没有安全感，不知道妈妈什么时候就不见了；"二不要"觉得多陪一会儿，孩子就会好一些，这样只会拉长孩子适应的时间。"一要"正面跟孩子道别，挥挥手或者说声再见，或者和孩子商量一个告别仪式（如击掌、亲吻等），然后坚定地离开，千万不要一步三回头，甚至躲在门口偷偷地看，这会让幼儿也觉得幼儿园非常不安全；"二要"用孩子能理解的话告诉他什么时候来接，托班幼儿还不能理解具体的时间，家长可以说"睡完午觉，吃完点心或晚饭后妈妈就来接你了"，不要在幼儿哭闹时承诺做不到的事。

（二）黏人型

[案例]

茹茹是一个安静的女孩，她不像别的孩子一样大哭大闹，而是整天流着眼泪看着班里的王老师，就像王老师的"小尾巴"一样，王老师走到哪里，她就跟到哪里。其他小朋友在玩玩具，她也不玩，只有王老师和她一起时，她才会拿起玩具玩。听故事时，她也要王老师坐在她身边……王老师有事不在茹茹的身边时，她就掉眼泪，别的老师去安抚也不管用，一定要等到王老师回来抱抱她，她的情绪才能稳定下来。

(1)幼儿特点分析：这类幼儿入园之后就会固定依赖一个人，需要这个人一直陪着他，安慰他才能情绪稳定。这样的孩子在家受关注太多，社会交往经验少，需要有一个固定的成人陪伴，才会有安全感。

(2)教师支持策略：在幼儿情绪还没有稳定的情况下，就先让他跟着一位教师，有一个相对固定的照顾者。在幼儿情绪慢慢稳定后，这位教师尝试间断性地退出孩子的活动视野，逐步引导幼儿与他人交往，直至幼儿完全熟悉和适应新环境。

(3)家长引导策略：我们要引导家长给予幼儿正面积极的沟通，让幼儿知道幼儿园的老师都很爱他。此外，也要让家长适当减少对幼儿的关注，不要事事以幼儿为中心，让幼儿有独自游戏的经验，鼓励幼儿与不同的人交往，这样将有利于幼儿更快地适应幼儿园。

（三）矛盾型

[案例]

轩轩是个安静的小男孩，每天早上妈妈送他入园时，他表现得很不情愿。在班级里不哭不闹，但也不像有的小朋友那样轻松活泼，大部分时候该干什么就干什么，偶尔会自己躲在角落里抹抹眼泪。晚上放学要接的时候，他也不像别的孩子兴奋地扑到妈妈怀里，也不愿意给妈妈讲幼儿园的故事。

(1)幼儿特点分析：这类幼儿没有建立起良好的安全依恋，他们不善于表达和流露自己的情感，一方面排斥别人的亲近，另一方面也渴望获得认同感和归属感。

（2）教师支持策略：对于这类幼儿教师不能因为他们表面上的"乖"而忽视对他们的关注，但也要给予他们适应的时间。教师要用拥抱或眼神、言语等让幼儿了解，老师始终在关注他。只要幼儿慢慢觉得这个地方是安全的，就会与教师逐步建立信任，进而会很快适应幼儿园的生活。

（3）家长引导策略：面对幼儿的"慢节奏"和矛盾情绪，我们要引导家长正确认识，切勿过多追问，过度担心，不要将我们的负面情绪传递给幼儿，因为那样反而给他们施加太多压力。我们要给幼儿时间，让他们按照自己的速度、节奏和特点去适应环境。

（四）后"反应"型

[案例]

莹莹上幼儿园第一天并没有大哭大闹，放学时还和妈妈说说笑笑，刚开始几天情绪都挺好，每天回家还会和爸爸妈妈说起幼儿园里玩的玩具。可是时间不长，莹莹早上起床、吃饭就开始磨磨蹭蹭，嘴里也开始念叨"我不想去幼儿园"，路上也不断询问妈妈"能不能不去幼儿园啊"，从路上到班级门口一直都哭哭啼啼……

（1）幼儿特点分析：这类幼儿一般还是比较活跃的，一开始他们会被幼儿园里多样的玩具吸引，对环境也充满了好奇，因此表现得非常适应。然而对环境熟悉之后，他们才会将与家人分离的情绪逐步表现出来。

（2）教师支持策略：教师要观察了解每一个幼儿的不同特点和兴趣爱好，并基于他们的喜好进行有针对性的关注指导。对于能力强的幼儿，要给予新的挑战，用丰富的活动激发他们持续探究的兴趣。

（3）家长引导策略：相对于一开始的适应良好，面对幼儿情绪反常时家长的态度非常重要。教师要引导家长认识到这也是孩子的正常表现，鼓励家长给予幼儿正面的引导，多说一说幼儿园好玩的地方，也可以试着让幼儿说一说幼儿园里有趣的事情，激发幼儿入园的兴趣。家长要心中有数，接纳孩子的情绪，多给孩子一些时间去适应。

第二部分：家园共育

上幼儿园是幼儿第一次长时间离开家人，不光幼儿很焦虑，家长也很焦虑，担心幼儿不适应幼儿园，担心幼儿哭闹太严重，担心幼儿会生病，担心幼儿交不到朋友……其实，我们大人到了一个新环境都可能水土不服，更何况幼儿呢？入园适应是每一个幼儿进入幼儿园必须经历的，而其间产生的焦虑、不适应，甚至哭闹、吃饭不好等情况都是正常现象，但是我们通过一些方法能够缓解幼儿的入园焦虑，帮助幼儿更好地适应入园生活。

（1）提前熟悉环境。在幼儿入园之前，家长可以带幼儿到幼儿园去参观一下，让幼儿提前熟悉幼儿园环境，初步认识教师。如果幼儿园有一些周末的亲子班，家长可以带幼儿参与其中，让幼儿更早地熟悉环境，这对于幼儿适应幼儿园会很有帮助。

（2）提高自理能力。家长平时要引导幼儿用语言表达自己的需求，如"我要尿尿""我想喝水"等，这样可以让教师第一时间了解到幼儿的需要。此外也要有意培养幼儿的自理能力，如穿、脱衣服，拿勺吃饭等。当幼儿具备一定的自理能力并能清楚表达自己的需要时，就能极大地缓解焦虑，更快地适应环境。

（3）熟悉入园生活。家长可以按照幼儿园的作息时间调整幼儿在家的生活，提前让幼儿熟悉幼儿园的一日生活，这样会让他们更快适应幼儿园。此外，还可以借助一些图画书，如《我爱幼儿园》《幼儿园的一天》《一口袋的吻》等，让幼儿提前熟悉入园的相关内容。

（4）鼓励正向引导。家长要相信幼儿园、相信老师。只有家长相信，幼儿才会信任幼儿园这个新环境。家长可以多和幼儿说一说幼儿园，向老师了解幼儿在园表现好的地方，然后和幼儿交流时给予真诚的肯定，这样可以增进幼儿对幼儿园的好感。"亲其师，信其道。"多在幼儿面前夸老师，让幼儿喜欢上老师，对于减缓焦虑的效果也很好。

（5）创造社交机会。幼儿步入幼儿园是他们开始适应社会的第一步，家长要多为幼儿创造与他人交往的机会，发展幼儿的社交能力，如在周末约一两个幼儿园的小朋友一起活动，这样能帮助幼儿尽快熟悉新的小伙伴。

（6）鼓励坚持来园。家长要正确认识幼儿的入园焦虑情绪，温柔而坚定地陪伴幼儿度过这一特殊的阶段，认同和接纳幼儿的情绪并给予关心，可以和幼儿一起设计一个特定的分离仪式，如击掌、拥抱、说再见等，让幼儿形成一定的模式，知道做完这个动作就要进入班级。不要幼儿一哭闹就不再送园，这样只会拉长幼儿的适应周期。此外，也不要在幼儿哭闹时许下不一定能实现的承诺，如"妈妈保证第一个来接""妈妈去给你买大玩具"等，这样只会不断削减幼儿对家长的信任，对幼儿的长期发展有害无益。

除了帮助家长做好入园准备，教师也要及时做好家园沟通，提前了解幼儿的基本情况和兴趣爱好以及父母的育儿理念和教养方式，为更好地开展家园共育奠定基础。在条件允许的情况下班级教师应该对每一个幼儿进行家访，增加与幼儿的亲近感。此外，调查问卷也是让我们能够快速了解幼儿基本情况的非常便捷、有效的工具。

附：新生调查问卷

1. 班级：
2. 幼儿姓名：
3. 性别：
4. 主要陪伴人：（①父母②祖辈 ）
5. 幼儿有无过敏史？如有，请填写过敏物_____
6. 有无高热惊厥史或其他疾病？
7. 自我服务情况如何？如穿脱衣服、鞋袜，独立进餐等。
8. 能否用语言表达自己需要大小便？
9. 请您描述幼儿的性格特征。

10. 家庭类型（①独生子女②二孩家庭③其他）
11. 一日亲子陪伴时长及主要游戏陪伴人。
12. 主要的亲子互动内容有哪些？
13. 如果幼儿出现情绪难以控制的情况，您会怎样处理？
14. 您会如何解决幼儿之间出现争抢玩具的情况？
15. 您希望幼儿在园期间获得哪些方面的发展？

第二周·主题活动案例

对于第一次离开家庭环境的幼儿来说，幼儿园的一切都是陌生的，处于分离焦虑阶段的他们需要在教师的接纳和积极回应中建立安全感，需要在教师的帮助下逐渐熟悉班级环境和自己的物品及标记，逐步过渡，去认识和熟悉幼儿园，认识新朋友，了解与教师沟通的方式，幼儿园各类物品的使用方法，以此建立起对班级环境的归属感，进而逐步适应幼儿园的生活并学习新本领。因此该主题活动围绕幼儿初入园要熟悉的人、事、物展开，引导幼儿逐步适应幼儿园。主题活动目标与主题网络图（图1-1）如下。

主题活动目标：

1. 能区分自己班级的教师，愿意跟随教师参与活动；
2. 熟悉幼儿园、班级的环境，知道自己所在的班级；
3. 熟悉常用物品的位置及用途，能找到自己的物品；
4. 喜欢自己的班级、老师，喜欢幼儿园，逐步稳定情绪并保持愉悦。

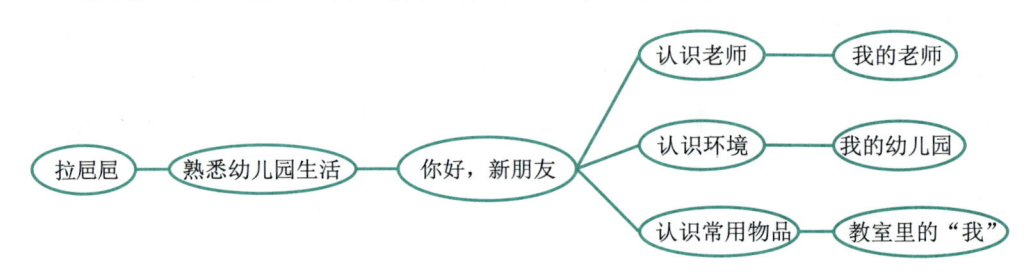

图 1-1 主题网络图

"你好，新朋友"主题活动是围绕幼儿需要逐一熟悉的幼儿园的人、事、物展开的，让幼儿在逐步熟悉陌生环境的基础上适应幼儿园生活。

"我的老师"——教师是幼儿离开家庭进入幼儿园的重要陪伴者，通过这个活动让幼儿认识、熟悉自己班级的老师，增加亲近感，减少对教师的陌生感。

"教室里的'我'"——面对完全陌生的环境，幼儿充满着不安和紧张情绪。而当他们能够在教室中找到自己的照片，并知道教室里有自己专用的杯子、毛巾等时，就能够增加对环境的归属感，进而缓解入园焦虑。

"拉屁屁"——当幼儿熟悉了幼儿园的室内外环境之后，他们最需要学习的就是自我照顾，需要知道当自己想拉屁屁时去什么地方，拉完屁屁要做什么等。大多数托班幼儿还不能自主如厕，再加上进入陌生的环境就会更加紧张。通过适宜的教育活动让幼儿熟悉幼儿园如厕的环境和方法，这将为他们更好地适应幼儿园生活奠定基础。

"我的幼儿园"——在幼儿逐步熟悉班级环境之后，教师就可以带着幼儿去看看室外的环境了。当幼儿对周围环境及物品越来越熟悉，知道每一个户外玩具的玩法、每一个场所的功能之后，他们对幼儿园的认同感就会逐步建立起来。

活动一：我的老师（社会）

活动目标

1. 能从容貌、声音、身体等特征分辨教师，并大声说出"×老师"。
2. 愿意跟教师互动，对教师的问题有应答。

活动准备

1. 物质准备：在班级家园栏布置好教师介绍，一块有幕布的小舞台。
2. 经验准备：在入园前与幼儿见过面。（条件适宜前提下应该提前开展家访，了解幼儿的基本情况及家庭环境。）

活动过程

1. 主班教师为幼儿介绍班级教师。

师：小朋友们好，欢迎你们来到幼儿园，成为××班的小朋友，我是你们的×老师，我有一双大眼睛，短头发。你们叫我×老师。

（引导幼儿和教师一起说×老师。）

师：在幼儿园有什么需要都可以来找我哦！

师：这个个子高高的是×老师，我们一起说×老师。戴眼镜的是×老师。

2. 每位教师分别与幼儿打招呼并做自我介绍。

师1（教师）：小朋友们好，我是×老师，我会讲故事，还会画画，想听故事的小朋友就来找我哦。

师2（保育员）：小朋友们好，我是×老师，我会给小朋友们发好吃的饭菜，如果你们想上厕所或需要帮助时一定要来找我哦！

3. 教师藏在幕布之后跟幼儿玩"快出来"的游戏。

师：现在请小朋友们闭上眼睛，看看哪个老师没有了？

师：现在老师们都藏起来了，你们要用响亮的声音叫他快出来，他们才会变出来，我们一起试试看吧！

教师引导幼儿说"×老师，×老师，快出来"，相应的教师应答"×老师，×老师，出来啦"，并从幕布后出现，直至所有教师都循环一次。

活动小结

用有趣的游戏让幼儿认识教师，会让幼儿对教师产生亲切感，缓解入园焦虑。幼儿刚入园时情绪不稳定，集体活动时间不宜过长，也不必强求幼儿马上回应。教师可以相互配合应答，引导幼儿参与和观察即可。该活动也可在开学初前两周变换形式重复进行，帮助幼儿逐步熟悉教师。

（金菁）

活动二：教室里的"我"（社会）

活动目标

1. 能够认出自己的照片。
2. 能通过照片找到自己物品的位置。

活动准备

1. 物质准备：在毛巾架、水杯格、衣柜相应的位置贴好对应幼儿的一寸照片，幼儿每人一张一寸近期照片。
2. 经验准备：幼儿认识照片中的自己。

活动过程

1. 教师为幼儿介绍一寸照片。

师：今天老师手里拿的是小朋友们的一寸照片，每张一寸照片上都有一个小朋友，一会我要给每个小朋友发一张你自己的照片，请你仔细看一看，记住你照片的样子，不能拿错哦。

2. 教师为幼儿分发一寸照片并请幼儿观察。

3. 教师引导幼儿观察发现教室里贴一寸照片的位置。

师：现在请小朋友们找一找，教室里哪些地方贴了一寸照片？

4. 教师示范如何根据照片找到自己对应的物品。

师：我现在拿着××小朋友的照片，看看能不能找到××小朋友的水杯、毛巾和小书包。

教师拿着幼儿照片依次比对，找到一样的时说"我找到了我的水杯格"。（依次示范找毛巾和书包。）

5. 教师分组带领幼儿寻找自己的照片所在的位置。

6. 教师邀请幼儿尝试按照照片将自己的水杯、毛巾、小书包送回相应的位置。

活动小结

找到自己物品的位置是幼儿适应幼儿园生活的重要内容，是他们逐步学习自我服务的基础。通过让幼儿认识照片，尝试找到对应的物品，能够让他们有最直观的感受和体验，帮助他们建立归属感，逐步适应在园生活。

（苗晶）

活动三：《拉屁屁》（语言）

活动目标

1. 学说"拉屁屁，拉屁屁，去厕所拉屁屁"。
2. 在教师的鼓励下，能主动表达如厕的需求。

活动准备

1. 物质准备：《拉屁屁》图画书电子课件。
2. 经验准备：认识班级里的厕所。

活动过程

1. 教师出示电子课件，引导幼儿观察画面。

师：画面上是谁？它在什么地方？它在干什么？你从哪里看出来的？

（教师引导幼儿观察画面中小熊坐在哪里，小熊手里拿的是什么。）

2. 教师讲述故事，引导幼儿观察理解故事内容。

师：我们一起来听故事吧，故事的名字叫《拉屁屁》。这天小熊正开心地玩小车，忽然它觉得自己肚子胀胀的，啊，有屁屁了。小熊想拉屁屁，那他要去哪里拉屁屁呢？

师：（第三页）拉屁屁，拉屁屁，去厕所拉屁屁。

师：（第四页）啊？小老鼠在拉屁屁！小老鼠在里面，小熊还能进去吗？

师：（第六页）咦？小兔子也在拉屁屁！小熊憋得很难受，那他可以拉在裤子里面吗？小熊终于找到厕所了，拉完屁屁好舒服。

3. 教师引导幼儿理解故事，认识班级厕所。

师：小熊肚子胀胀的有屁屁，他应该去哪里？小朋友如果想拉屁屁应该怎么说？

教师引导幼儿想拉屁屁时一定要说出来。

师：我们教室里的厕所在哪里？拉屁屁要去找小马桶，蹲着的马桶需要脚踩在小脚印上，两个手抓着小栏杆，立着的小便池是男孩子小便用的，上完厕所都要记得冲水哦！

4. 教师鼓励有需要的幼儿如厕，自然结束活动。

师：小朋友们都认识幼儿园的厕所了，请想小便和拉屁屁的小朋友去自己试一试吧！（教师观察并协助幼儿。）

活动小结

图画书《拉屁屁》故事情节简单，语言重复，符合托班幼儿的年龄特点，并且符合托班开学初期幼儿的需求。教师能够通过有趣的故事让幼儿知道如何表达上厕所的需求，通过带领幼儿实地观察和指导帮助幼儿了解幼儿园的厕所环境，知道不同的厕所功能和如厕的注意事项，使幼儿更好地在幼儿园如厕。但是新入园幼儿在自理能力方面有个体差异，教师需要在生活中依据幼儿的个体水平和问题给予具体的指导和帮助。另外，争取家长的支持与配合、让家长在家中培养幼儿的自我服务意识和能力也同样重要。

（赵玥莹）

活动四：我的幼儿园（社会）

活动目标

1. 初步熟悉幼儿园的环境。
2. 愿意跟随班级教师，不离开集体。

活动准备

1. 物质准备：在环境中设置好相关安全提示标志，如上下楼梯的小脚印、名卡等。
2. 经验准备：幼儿情绪稳定，能跟随教师在室外活动。

活动过程

1. 教师给每一个幼儿佩戴写有班级标志和名字的卡片。
2. 带领幼儿熟悉幼儿园环境，介绍主要场所。

师：小朋友们，今天我们要去参观幼儿园啦！现在我请小朋友们变成一列小火车，跟着我一起出发吧！

教师引导幼儿排队，保证在队伍的前、中、后部均有教师，防止幼儿脱离班级队伍。

师：这是我们幼儿园的教室，除了我们自己的××班，旁边还有××班……这是幼儿园的保健室，小朋友不舒服时，这里的保健医就会帮我们看一看；那边是幼儿园的厨房，我们每天的美食都是由厨房的老师们做出来的。

3. 教师重点介绍户外活动区域及安全注意事项。

师：这里就是幼儿园的操场。操场上有滑梯，有小车，有小房子……这些好玩的玩具小朋友们都可以玩，但是要听好老师的要求，注意安全。老师说××班的小朋友集合了，小朋友们就要赶快到老师这里来。

4. 选择合适的区域组织幼儿开展户外活动，提示幼儿教师喊集合时要到教师身边来。

活动小结

教师要带领幼儿逐步熟悉周围环境，先选择幼儿喜欢的相对简单的活动项目，让幼儿尝试，如骑小车等。待幼儿情绪稳定，再逐步开放滑梯等需要教师专门指导和保护的大型玩具。教师一定要做好分工，保证视线内看到所有幼儿，且户外活动集合前后务必清点人数。

（金菁）

第三周活动案例

活动一：你叫我答应（语言）

活动目标

1. 知道别人呼唤自己名字时要答应。
2. 在你问我答的过程中有初步的交往意识。

活动准备

1. 物质准备：《哎，喂》图画书电子课件。
2. 经验准备：已听过故事《哎，喂》。

活动过程

1. 教师出示电子课件，引导幼儿回忆故事情节。

师：小熊叫小老鼠、小企鹅、小兔子、小猪时，它们都是怎么回答的？

师：它们都大声回答"哎"。小动物们都好棒，知道回答"哎"。小朋友们，别人叫你们的时候应该怎样回答？

师：我们一起大声说"哎"。

2. 教师示范呼唤和回答方式，带领幼儿回应。

(1)教师示范应答。

师1：×老师，×老师，你在哪儿？

师2：哎，我在这儿。

(2)教师提问幼儿的名字，其他教师带领幼儿应答。

3. 教师组织游戏"躲猫猫"。

(1)请幼儿在室内的某个位置蹲下，如桌子边、柜子边。

(2)教师呼唤幼儿的名字："×××，×××，你在哪儿？"幼儿听到自己名字时，起身回应："×老师，×老师，我在这儿。"

(3)被找到的幼儿跟教师一起寻找其他幼儿。

指导重点

1. 叫到名字时，请幼儿站起来应答。
2. 鼓励幼儿大声说出："×老师，×老师，我在这儿。"

活动小结

不强求托班幼儿一定要回答，教师可以带领幼儿一起参与活动，只要参与活动即可。

(阳小云)

活动二：开始与停止（音乐）

活动目标

1. 在开汽车的情境游戏中，感知音乐的开始和停止。
2. 体验跟随音乐控制身体的乐趣。

活动准备

1. 物质准备：音乐《开始和停止》，玩具汽车方向盘人手一个。
2. 经验准备：前期有开玩具汽车的经验。

活动内容

1. 教师创设开汽车的情境，吸引幼儿参与活动。

师：小朋友们，今天我们都是小司机，我们要开着小汽车出发啦，不过路上遇到红灯怎么办？绿灯呢？

2. 欣赏音乐，引导幼儿发现音乐的开始与停止。

师：小朋友们要仔细听一听，找到音乐中不一样的地方。

教师重点引导幼儿感受音乐开始和停止的不同。

教师在播放音乐的时候可以随意摆动身体，当音乐停止的时候定格不动，用身体去感知音乐的变化。

3. 再次欣赏音乐，感知音乐反复开始和突然停止。

师：这首歌就像我们开汽车一样，遇到红灯就要停下来，遇到绿灯就继续往前开，又遇到红灯就又要停下来。

4. 教师引导幼儿跟随音乐做游戏。

(1)拍拍手。

师：我们现在跟着音乐用拍手的方式做游戏了，当音乐停止时我们的拍手也要停止，小耳朵一定要仔细听。

(2)拍拍腿。

师：我们要换成拍腿的方式来跟着音乐做游戏了，耳朵要认真听，音乐停，小手停。

(3)开汽车。

教师发给每个幼儿一个方向盘，引导幼儿参与游戏。

师：现在我们要跟着音乐来开汽车了，小朋友们在开的过程中一定要注意，当音乐停止时，要赶紧踩刹车。

引导幼儿注意音乐的变化，音乐开始，汽车开始行驶，音乐停，刹车。

5. 再次游戏，自然结束。

活动延伸

在幼儿熟悉音乐之后可以用这个音乐带领幼儿玩木头人的游戏，提高幼儿的自我控制能力和专注力，使幼儿感受音乐游戏带来的快乐。

（张凯鸽）

🚗 活动三：爬爬乐（体育）

活动目标

1. 学习手膝着地爬的动作要领。
2. 乐于参与体育活动。

活动准备

1. 物质准备：垫子三块、小乌龟头饰、能挂在幼儿身上的布袋、贴着苹果图片的海洋球、苹果树、拱形门、小篮子。
2. 经验准备：能够自主爬行。

活动过程

1. 热身活动：通过"大巨人、小矮人"的游戏活动身体各部位。

师：小朋友们，当我说"大巨人"的时候你们就要伸开双手跳起来变成大巨人，当我说"小矮人"的时候你们就要蹲下来变成小矮人哦！（教师给出提示并示范动作。）

教师转换大巨人、小矮人的动作口令，和幼儿一起做热身活动，重点进行腿部的运动。

2. 教师创设情境，吸引幼儿加入游戏。

师：今天天气真好，乌龟妈妈要带小乌龟们去摘苹果，你们看对面有一棵苹果树，上面有好多好多的苹果，你们想吃吗？我们要爬过草地（垫子代替），爬过山洞（拱形门），才能摘到好吃的苹果哦！

3. 教师示范手膝着地爬的动作，并介绍游戏规则。

师：乌龟宝宝背苹果，一步一步慢慢爬，一个一个过草地，小心山洞别碰头，摘到苹果送回家，一起分享真快乐。

教师重点提示语：

我们要等前面的小朋友爬过一个垫子后再开始爬；爬过山洞的时候尽量不碰到拱形门；要把摘到的苹果放在小篮子里。

4. 教师为幼儿戴上布袋，幼儿游戏。

教师重点关注幼儿手膝着地爬的动作，并根据幼儿的兴趣决定玩的次数。

活动延伸

可鼓励家长在家开展类似的情景游戏，可以亲子共同参与，引导幼儿练习手膝着地爬的技能。

（阳小云）

🚗 活动四：《交通工具捉迷藏》（语言）

活动目标

1. 初步了解常见交通工具的声音和特征。
2. 在教师的引导下尝试说出常见交通工具的名称。

活动准备

1. 物质准备：图画书《交通工具捉迷藏》电子课件。

2. 经验准备：见过常见的交通工具。

活动过程

1. 教师展示电子课件，引导幼儿认识各种交通工具。

师：今天老师请来了很多交通工具，但是它们很调皮，都藏起来了，请小朋友们快找一找吧！

(1)教师出示公共汽车形状的图片，请幼儿猜想。

师：滴滴滴——，马路上很多人都会在同一个地方等，这个长方形的会是什么交通工具呢？（鼓励幼儿猜想并回答，如果幼儿猜不出，可以直接展示公共汽车的图片。）

师：下一站是动物园，下车的乘客请提前准备……原来是公共汽车。

师：小朋友们坐过公共汽车吗？你们坐公共汽车去过哪里呢？

(2)教师出示轮船形状的图片，请幼儿猜想。

师：呜——呜——，在大海上航行的是什么交通工具呢？

师：鸣着汽笛出发的是轮船。

……

教师依次介绍卡车、飞机、火车、直升机、自行车、热气球，引导幼儿根据图片和教师的语言提示猜想交通工具的名称。

2. 教师借助图片和儿歌进一步巩固幼儿对交通工具的认识。

师：公共汽车滴滴滴，到站下车要刷卡；

呜呜呜呜是轮船，鸣着汽笛要出发；

卡车是个大力士，拉着货物到处跑；

飞机飞得高又远，两个翅膀真神气；

哐当哐当是火车，突突突突直升机；

热气球啊飘呀飘，丁零丁零自行车。

活动延伸

教师可以将图书中的交通工具制作成配对卡，并投放至区域中，请幼儿进行配对游戏。在幼儿熟悉儿歌之后，在日常过渡环节教师可以说前半句，请幼儿接后半句，激发幼儿对交通工具的兴趣。

（金菁）

第四周活动案例

活动一：小花猫捉老鼠（体育）

活动目标

1. 发展跑的动作，在教师的指导下有躲避的意识。
2. 喜欢参与体育活动并能初步遵守规则。

活动准备

1. 物质准备：用小袜子做成小老鼠样子的沙包或缝上绳子的沙包，小花猫头饰若干。
2. 经验准备：幼儿知道猫会捉老鼠。

活动过程

1. 热身活动：动物模仿操。

组织幼儿在室外的场地上拉成一个大圆圈，做模仿小动物的游戏来活动身体各关节。

2. 教师带上头饰介绍游戏内容及规则。（请幼儿面向教师站成一排，人数较多时可分为两组。）

师：今天老师教你们一个好玩的游戏——"小花猫捉老鼠"。这个小沙包就是我们今天要做游戏的"小老鼠"，一会儿老师会说儿歌"小花猫，眼睛大，看见老鼠捉住它"。我的儿歌说完，我的小花猫就要去捉老鼠，我看看哪个小花猫本领最大！

师：现在我请××老师和我一起示范一下。

3. 教师组织幼儿进行游戏。

教师为幼儿戴上小花猫的头饰，请幼儿参与游戏，强调必须在教师说完儿歌之后再去追。教师跑的速度慢一点，让幼儿尽快追上沙包，能踩着，引起兴趣。

活动小结

教师一定要关注幼儿游戏时的空间，一次游戏的人数不能太多，防止幼儿相互碰撞。教师跑的时候要倒跑，以便关注到幼儿的安全情况。

活动二：香香的月饼（美术）

活动目标

1. 学习初步的团、压等动作技能。
2. 知道中秋节吃月饼，体验节日的欢乐气氛。

活动准备

1. 物质准备：面团、月饼馅、月饼模具、月饼盒。
2. 经验准备：前期已有用超轻黏土进行团、压等经验。

活动过程

1. 实物导入，激发幼儿参与活动的兴趣。

师：小朋友们，这是什么？你们在什么时候吃过月饼？你们吃的月饼都是什么味道的？

师：中秋节要到了，中秋节的时候全家人要一起吃月饼。圆圆的月饼和天上的月亮一样，象征着一家人的团圆。今天我们要来做月饼，可以让厨房的老师们烤制后带回家与爸爸妈妈分享。

2. 幼儿自主探索制作月饼的方法。

请幼儿洗完手后坐在小椅子上，教师发给每位幼儿一块面团（面团可以是之前教师已经揉好的）。

师：这个小面团老师已经揉好了，请小朋友们试一试，看看怎样把面团压扁？

3. 教师示范如何做月饼。

教师介绍做月饼的材料：月饼馅、月饼模具。

教师示范并讲解做月饼的方法。

师：刚才我们一起把面团压扁了，现在碗里老师已经准备了馅料，小朋友们可以拿一块馅放进压扁的面皮中裹起来再次揉成球，然后将有馅的月饼团放进月饼模具中压平、倒出。

4. 幼儿制作月饼。

制作难点：包馅揉球，压月饼模具。

在制作月饼的过程中教师注意引导幼儿学习团圆、压扁等技能。对于能力弱的幼儿，教师可给予帮助，使其获得成功。

5. 在歌曲《爷爷为我打月饼》中自然结束。

教师将幼儿制作好的月饼送到厨房，烘焙成功后进行包装，幼儿离园时带回家，与爸爸妈妈分享。

活动延伸

制作月饼也很适合延伸至家庭作为亲子活动。教师可鼓励家长带幼儿在家开展制作月饼活动，增进亲子感情，锻炼幼儿的动手能力。

（安妮）

活动三：老师，请帮帮我（社会）

活动目标

1. 在遇到困难时愿意寻求教师的帮助。

2. 学说"请你帮帮我""谢谢"等礼貌用语。

活动准备

1. 物质准备：一些教师照顾幼儿的照片、视频（帮幼儿擦鼻涕、穿脱裤子、穿脱外衣、穿鞋子等）。

2. 经验准备：已熟悉班级环境。

活动过程

1. 教师播放照片，请幼儿辨认班级教师。

师：昨天我的相机拍到了许多好玩的照片，我们看看相机都拍到了什么。这是谁？他是哪个老师呀？我们一起跟他打个招呼。

2. 教师分享照片并与幼儿讨论。

(1)播放教师关心小朋友的视频、照片。

师：我们一起看看老师们帮助小朋友们做了什么。

(2)教师与幼儿讨论遇到困难可以怎么办。

师：如果你们遇到困难怎么办？

师："请你帮帮我"是一句特别神奇的话，你一说老师就知道你需要帮助，现在我们一起说"请你帮帮我"。

师：当你们需要老师帮助的时候会怎么说？

师：当别人帮助你之后要学会说"谢谢"。

3. 结合幼儿生活中需要教师帮助的具体情境，鼓励幼儿说"老师，请帮帮我""谢谢"。

(1)模拟情境一：小便、掖裤子。

师1(扮演幼儿)：老师我想去小便！

师2：好的，我带你去。

师1(扮演幼儿)：老师，我脱不下裤子，请你帮帮我。

师2：好的，两个手抓住小裤腰，使劲往下拉。

师1：谢谢老师。

(2)模拟情境二：穿脱衣服、擦鼻涕、穿鞋子等。鼓励幼儿参与表演并用语言表达。

师：今天我们学会了两句有魔法的话，一句是"老师，请你帮帮我"，还有一句是"谢谢"。在我们需要帮忙的时候要大声说出来。接受了别人的帮助，我们也要真诚地说一声"谢谢"。

活动小结

教师要鼓励幼儿在日常生活中学会求助教师，特别是较为内向不会主动求助的幼儿，教师在主动帮助的同时也要引导鼓励幼儿用语言表达求助及感谢。

(雷江燕)

活动四：我爱我的幼儿园(音乐)

活动目标

1. 知道歌曲名字，初步学唱歌曲。

2. 愿意与同伴一起唱歌、表演。

活动准备

1. 物质准备：中大班幼儿在园唱歌跳舞的照片和视频、音乐《我爱我的幼儿园》。

2. 经验准备：幼儿对在园一日生活基本熟悉。

活动过程

1. 教师带幼儿做发声练习。（通过基本音阶 do re mi fa so，so fa mi re do 进行问答。）

  师：小朋友们好！ 幼：×老师您好！

  师：小猫怎样叫？ 幼：喵喵喵喵喵。

  师：小羊怎样叫？ 幼：咩咩咩咩咩。

2. 教师通过谈话引入活动。

  师：小朋友们早上好，今天老师看到每个小朋友都开开心心地来到幼儿园，老师要给每个小朋友一个大大的拥抱。有一首好听的歌曲，名字叫《我爱我的幼儿园》，我们一起听一听。

  师：小朋友们，歌曲里都唱了什么？

3. 教师播放幼儿在园照片和视频并提问。

  师：小朋友们看看这是在哪里？哥哥姐姐们在幼儿园做什么？

（引导幼儿说出在幼儿园，并说出照片中的内容：唱歌、跳舞。）

4. 教师有感情地范唱，幼儿初步了解歌词。

5. 教师再次播放歌曲，带领幼儿熟悉歌词。

  师：小朋友们，我们再来听一遍歌曲，一起跟着说歌词。

（教师大声说，幼儿小声说，引导幼儿记忆歌词。）

6. 教师弹琴，带领幼儿跟随琴声唱歌。

  师：小朋友们，现在我们来跟着琴声一起试试，能不能用好听的声音唱出来，让老师听一听哪个小朋友的声音最好听。

活动小结

这首歌曲歌词简单，韵律感强，非常适合幼儿逐步适应入托生活之后学唱，能进一步激发幼儿对集体环境的喜爱与认同。

（安妮）

十月

我会自己做

月工作计划和周工作计划

十月工作计划

本月重点		1. 逐步适应托班生活，熟悉和喜欢班级教师和小朋友。 2. 愿意在教师的帮助下学习自我服务，做力所能及的事。
发展目标	生活与卫生习惯	1. 能在教师的提示下主动洗手，模仿教师学习正确的洗手方法。 2. 在教师的提示下知道双手拉椅子坐下，离开时把椅子送回原处。 3. 喜欢玩玩具，并能在教师的提示下将玩完的玩具送回。 4. 能自主如厕，并能有意识地穿脱裤子。 5. 在教师的组织下，能逐步有排队的意识。
	动作	1. 能扶着栏杆自己上、下楼梯。 2. 跑步的两臂自然摆动，基本保持平衡。 3. 能用绳子串大珠子。
	语言	1. 愿意安静地听教师说话。 2. 愿意与教师互动并尝试应答。
	认知	1. 喜欢涂鸦，对色彩感兴趣。 2. 在教师的引导下愿意根据故事情境进行模仿表演。
	情感与社会性	1. 初步具有自我意识，表述时会用"我"。 2. 认识国旗，喜欢听国歌。 3. 喜欢来幼儿园，经常保持愉悦的情绪。
教师指导重点		创设适宜的区域活动角，鼓励幼儿与同伴共同游戏和探索。
家园配合要点		生活能力的培养需要一个长期的过程，建议家长在家多提供机会让幼儿做一些力所能及的事情，尤其是进餐、如厕，培养幼儿自我服务意识，学习基本的自我服务技能。

十月第一周工作计划

本周工作目标：
1. 安抚因长假后情绪波动的幼儿，进一步巩固幼儿生活常规。
2. 鼓励幼儿跟随教师学说儿歌。

	星期一	星期二	星期三	星期四	星期五
教育活动	语言活动：天安门 目标： 1. 借助图片、儿歌认识天安门。 2. 喜欢跟着教师学说儿歌。	生活活动：我会洗手 目标： 1. 知道洗手的重要性。 2. 学习正确的洗手方法，愿意认真洗手。	认知活动：常见的蔬菜 目标： 1. 能指认几种常见蔬菜。 2. 通过多种感官认识常见蔬菜，知道多吃蔬菜身体好。	美术活动：蔬菜拓印 目标： 1. 尝试使用胡萝卜、莲藕、甜椒、黄瓜、土豆等蔬菜印画。 2. 初步感受蔬菜印画的乐趣。	体育活动：熊猫滚球 目标： 1. 能用双手、双脚交替连续滚大皮球，动作协调。 2. 喜爱参加玩球的活动。
生活指导	1. 引导幼儿尝试自己洗手（自己挽袖子，开水龙头，尽量不把衣服弄湿）。 2. 引导幼儿一手扶碗，一手拿勺，一口饭一口菜搭配吃饭。					
体育游戏	集体游戏1：老猫睡觉醒不了 目标：在游戏中轻轻地走路或跑，注意躲避和不碰撞其他小朋友。			集体游戏2：小动物找家 目标： 1. 练习走、跑，发展基本动作。 2. 能找到空的位置，不推他人。		
家园配合	1. 国庆节后，幼儿可能会出现情绪反复，请家长在幼儿身体健康的前提下，坚持每天送幼儿入园。 2. 秋季早晚温差大，为幼儿穿适宜的衣服。				

十月第二周工作计划

本周工作目标：
1. 引导幼儿在集体活动时愿意坐下来，安静听教师讲话。
2. 引导幼儿知道部分玩具的名称，知道在不同的区域放相应的玩具。

	星期一	星期二	星期三	星期四	星期五
教育活动	**语言活动**：散步 目标： 1. 喜欢模仿故事中小青蛙、小鸭子、小狗和小鸟的叫声。 2. 体验故事中的小动物和妈妈一起散步的快乐。	**美术活动**：粘贴葡萄 目标： 1. 能将纸揉团，尝试用胶棒粘贴。 2. 乐于参加手工活动。	**生活活动**：我会自己吃饭 目标： 1. 学习拿勺的方法，能用小勺把食物送进嘴里。 2. 感受自主进餐的成就感。	**生活活动**：我会用水杯 目标： 1. 在教师的提示下，愿意多喝水。 2. 在儿歌的帮助下学习使用宽口水杯喝水。	**语言活动**：《鼠小弟的小背心》 目标： 1. 通过观察图片，尝试猜测故事内容。 2. 喜欢倾听故事，感受故事中的幽默。
生活指导		1. 引导幼儿学会饭后擦嘴。 2. 提示幼儿喝水后把水杯放回原位。			
体育游戏	集体游戏1：快乐的小兔（复习） 目标： 1. 初步学习双脚连续向前跳。 2. 在游戏过程中体验与同伴一起游戏的快乐。			集体游戏2：小蝌蚪找妈妈 目标： 1. 练习原地转圈和听信号向指定方向跑。 2. 遵守游戏规则，奔跑时有躲避意识，避免碰撞。	
家园配合	1. 鼓励幼儿在家用水杯喝水，并能将杯子放回固定位置。 2. 鼓励幼儿在家自己吃饭。				

十月第三周工作计划

本周工作目标：
1. 鼓励幼儿入园、离园时能在教师的提示下问好和说再见。
2. 鼓励幼儿探究、操作班级中的玩具，在教师的引导下能把玩完的玩具送回。
3. 引导幼儿喜欢听故事并尝试模仿、表演。

	星期一	星期二	星期三	星期四	星期五
教育活动	**语言活动**：《拔萝卜》1 目标： 1. 喜欢听故事，并初步了解故事内容。 2. 愿意在教师的带领下学说重复句式。	**音乐活动**：学唱歌曲《拔萝卜》 目标： 1. 初步记忆歌词并学唱歌曲。 2. 喜欢参加歌唱活动。	**语言活动**：《拔萝卜》2 目标： 1. 愿意模仿教师的动作，表演故事。 2. 初步感受故事表演的乐趣。	**生活活动**：抹手油 目标： 1. 初步学习抹手油的方法。 2. 感受自我服务的乐趣。	**音乐活动**：小手拍拍 目标： 1. 愿意跟唱歌曲并做动作。 2. 愿意参与音乐活动，感受问答式歌曲的乐趣。
生活指导	1. 引导幼儿熟悉班级玩具材料，初步了解玩具摆放的位置。 2. 引导幼儿学习饭后漱口的方法。					
体育游戏	集体游戏1：绕障碍物跑 目标： 1. 学习S形绕障碍物跑的游戏方法。 2. 在游戏中锻炼身体的躲闪以及跑的动作。			集体游戏2：运小球 目标： 1. 锻炼持物跑的动作。 2. 感受与同伴共同游戏的快乐。		
家园配合	1. 帮助幼儿在家学会表达如厕的意愿，能有意识地自主如厕。 2. 和孩子一起收拾玩具，鼓励幼儿玩完玩具后将其送回原位。				

十月第四周工作计划

	星期一	星期二	星期三	星期四	星期五
教育活动	**生活活动**：我会走楼梯 目标： 1. 学习一步一个台阶上、下楼梯。 2. 体验自己独立上、下楼梯的成就感。	**语言活动**：《洞洞》 目标： 1. 能跟随故事观察画面，感知故事内容。 2. 能观察和发现生活中的洞洞。	**美术活动**：有趣的点点画 目标： 1. 感受用海绵棒拓印点点。 2. 体验创作的乐趣和成就。	**体育活动**：小司机 目标： 1. 尝试听信号控制走和停。 2. 在游戏中感知"红灯停，绿灯行"的规则。	**美术活动**：好玩的小蜡笔 目标： 1. 尝试画圆圈和旋转的图案。 2. 喜欢涂鸦活动。
生活指导	1. 引导幼儿学习一步一步上、下楼梯，不推不挤。 2. 提醒幼儿饭后用自己的杯子漱口。					
体育游戏	集体游戏1：找小动物（复习） 目标： 1. 能根据教师描述模仿小动物的动作特征。 2. 做动作时和他人保持一定距离，具有初步的自我保护意识。			集体游戏2：快乐的毛毛虫 目标： 1. 练习手膝着地、自然协调向前爬。 2. 体验体育游戏的快乐。		
家园配合	1. 请家长在家为幼儿勤剪指甲、勤理发，养成良好的卫生习惯。 2. 在家让幼儿学习自己的事情自己做，如自己吃饭、穿衣服、洗手、擦手等。					

本周工作目标：
1. 引导幼儿学习与同伴交往的方法，初步具有轮流意识，不争抢玩具。
2. 鼓励幼儿用语言表达自己的感受和需求。

主题活动案例

进入十月，大部分幼儿基本熟悉了托班的一日生活，能较为愉悦地跟随爸爸妈妈来托班，喜欢和老师、小朋友一起玩玩具、做游戏。在大多数幼儿情绪稳定的情况下，引导幼儿学会自己的事情自己做是帮助幼儿更好地适应托班生活的重要一环。同样，在日常生活中教师和家长通过不断教育和指导，增强幼儿的自我服务意识，逐步提升幼儿的自理能力，使其养成良好的生活习惯是帮助幼儿拥有幸福生活能力的基础，也是托班教育的核心。主题活动目标与主题网络图（图2-1）如下。

主题活动目标：

1. 愿意在教师的指导下学习自我服务，做力所能及的事；
2. 知道怎样在托班洗手、接水、进餐、如厕，增强对班级的归属感；
3. 体验自我服务的成就与愉悦。

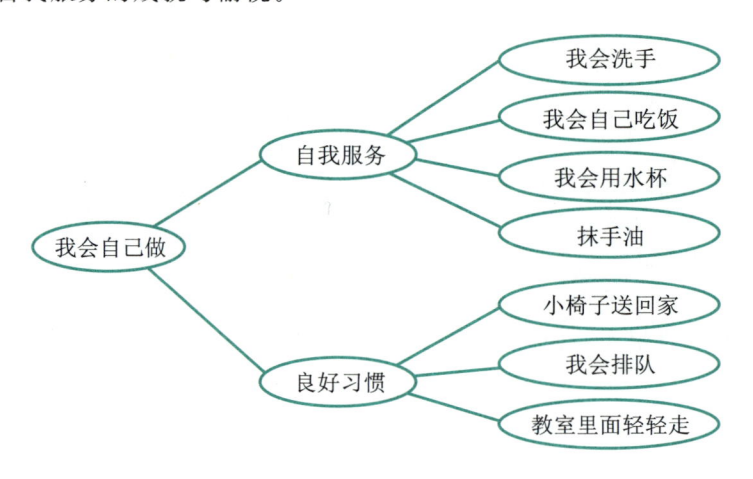

```
                         ┌─ 我会洗手
                         ├─ 我会自己吃饭
              ┌─ 自我服务─┤
              │          ├─ 我会用水杯
              │          └─ 抹手油
   我会自己做─┤
              │          ┌─ 小椅子送回家
              └─ 良好习惯─┼─ 我会排队
                         └─ 教室里面轻轻走
```

图 2-1　主题网络图

主题活动"我会自己做"是在大部分幼儿已经能够基本适应在园一日生活的前提下开展的。教师的活动设计要与幼儿的生活紧密联系，如果是幼儿的共性问题，就可以通过集体教育活动进行指导。幼儿的生活能力各不相同，教师要根据个体差异，充分发挥集体活动、区域游戏和生活环节的不同功能，在一日生活的各环节中给予幼儿具体而有针对性的指导和关注，帮助幼儿逐步习得自我照顾的能力，养成良好习惯，体验自我服务的乐趣。

"我会洗手"——洗手是托班生活和家庭生活最为频繁和重要的生活内容之一，是每天饭前、便后、户外活动后都需要完成的一件事。指导幼儿学会正确的洗手方法，使幼儿愿意主动洗手，能够有效帮助幼儿预防疾病，养成良好的卫生习惯。

"我会自己吃饭"——每个幼儿的饮食习惯都不一样。很多幼儿入园时还存在不能很好地使用勺子自主进餐、不喂不吃、挑食、吃饭不专心等问题。在这一活动中，教师通过集体活动引导幼儿正确使用勺子，了解吃饭的礼仪。同时，通过日常一对一的指导帮助每一个幼儿习得自主进餐的能力。

"我会用水杯"——进入托班之后，不仅喝水的杯子可能与在家中使用的不同，不再带有吸管、鸭嘴等，而且对于平时总是喝一些果汁、梨水的幼儿来说，每天都要喝足够的白开水也是不小的挑战。杯子的使用需要教师有具体的指导，但是饮水习惯的养成还需要在日常生活中通过多种方法引导，更要与家长达成一致，共同培养幼儿多喝白开水的习惯。

"抹手油"——进入秋冬季后，特别是在北方，洗手后如果不及时抹手油，皮肤就会皲裂，所以洗完手擦干净，指导幼儿学习抹手油，一方面能使幼儿习得生活技能，另一方面能培养幼儿自我照顾和自我服务的意识。

以上是在主题活动"我会自己做"中的四个核心活动。除了学会自我服务之外，幼儿良好习惯的养成也是托班教育中的重要内容，如将小椅子送回家，学会排队，学会轻轻走等。无论是生活技能的习得还是生活习惯的养成，都需要教师在一日生活的各环节中进行个性化的指导，同时也与幼儿手眼协调能力、手部精细动作的发展水平相关，因此幼儿更需要在日复一日的巩固和练习中学习。教师也切勿急于求成，应静心地观察、陪伴，并提供适宜的帮助和协助。

活动一：我会洗手（生活）

活动目标

1. 知道洗手的重要性。
2. 学习正确的洗手方法，愿意认真洗手。

活动准备

1. 物质准备：七步洗手法视频、七步洗手法的图片。
2. 经验准备：会说《我是一个大苹果》儿歌。

活动过程

1. 教师通过手指游戏《我是一个大苹果》引入活动。

儿歌：我是一个大苹果，小朋友们都爱我；请你先去洗洗手，要是手脏别碰我。

师：为什么大苹果不让小脏手碰它呢？

师：我们的小手每天都摸摸这摸摸那，不知不觉中会粘上许多细菌，如果不注意洗手就会把病菌带入口中。

2. 出示七步洗手法视频，引导幼儿学习正确的洗手方法。

师：小朋友们，你们平时都是怎么洗手的？

（引导幼儿口头回答或用动作表现，教师可适当提示。）

师：今天老师带来了一个关于洗手的小视频，我们一起看看视频上的小朋友是怎么洗手的。

3. 教师带领幼儿结合视频演示洗手过程。

师：现在我们一起跟着视频上的儿歌，一起来洗洗手。

教师带着幼儿跟着儿歌边说边做动作。

4. 分组带幼儿到盥洗室进行实际操作，在盥洗室有序地轮流洗手，教师在旁边注意观察指导。

附：洗手儿歌

打开水龙头，冲湿小小手；

关上水龙头，摁下洗手液；

手心搓一搓，手背搓一搓；

手指缝交叉搓，手指尖转转转；

两个手腕别忘记，搓完清水冲干净；

关上水龙头，小手甩一甩；

再用毛巾擦一擦，我的小手真干净！

活动延伸

洗手是托班幼儿常见的一个基本的生活环节，也是幼儿养成良好生活习惯的重要环节。在幼儿初步掌握了洗手的正确方法后，在每次的洗手环节，教师坚持用念儿歌的方式提示幼儿洗手，同时教师也可以把七步洗手法的图片粘贴在盥洗室，让图片成为引导幼儿正确洗手的图示，这对于幼儿是一个特别好的展示和学习过程。

（安妮）

活动二：我会自己吃饭（生活）

活动目标

1. 学习拿勺的方法，能用小勺把食物送进嘴里。

2. 感受自主进餐的成就感。

活动准备

1. 物质准备：小动物吃饭的相关图片，装着芸豆的小碗每人两个，贴有笑脸贴纸的勺子每人一把，兔子头饰1个。

2. 经验准备：有用勺子进餐的经验。

活动过程

1. 教师出示小动物进餐画面，引导幼儿观察。

师：图片中的小兔子和它的小伙伴吃得真香啊！你们看，它们吃饭时干干净净的，没有一点儿饭菜洒在身上，它们是怎样做到的呢？

师：今天我们就请兔子老师教给我们这个本领。

请另外一位教师戴着兔子的头饰装扮成兔子老师。

2. 教师出示教具，边说儿歌边展示"八字"拿勺的方法。

师：变成小手枪（伸开拇指和食指），小勺手中拿，大拇哥，二拇弟，还有高个子，一起来，握小勺，一口一口舀饭吃。

3. 教师为每个幼儿分发一把勺子，用儿歌引导幼儿自己尝试"八字"拿勺。

4. 引导幼儿尝试"八字"拿勺的方法，将芸豆从一个碗舀到另一个碗里。

师：小朋友们看，老师左手扶碗，右手八字拿勺，稳稳地将碗里的豆子舀出来了，一点儿都没有洒出来。接下来请小朋友们试一试。

幼儿自主尝试，教师分组指导。

活动小结

这个活动适合放在幼儿午餐进餐前进行。幼儿在尝试完"八字"拿勺的方法后，可以直接进入就餐环节，以便巩固习得的方法。幼儿能够自主进餐是他们适应托班生活的重要内容。大部分初入园的幼儿都习惯用一把握住的方式拿勺，说明幼儿前三指的分化能力还有待提高，该活动就是用游戏的方式帮助幼儿学习"八字"拿勺，有利于促进幼儿手部精细动作的发展。此外，环境中也应有相关准备，提供一些使用勺子舀豆子、大珠子的活动，让环境和玩教具成为支持他们个体发展的操作工具。但教师要充分认识到幼儿发展水平的差异性，不过度强求和改变幼儿的握勺姿势，而是要在一日生活中基于细致观察，了解每个幼儿的发展水平，并给予有层次性的指导，同时为幼儿提供充分体验和练习的时间。

（赵玥莹）

活动三：我会用水杯（生活）

活动目标

1. 在教师的提示下，愿意多喝水。
2. 在儿歌的帮助下，学习用宽口水杯喝水。

活动准备

1. 物质准备：蔫了的小花，幼儿水杯每人一个。
2. 经验准备：有尝试使用宽口水杯喝水的经验。

活动过程

1. 教师出示蔫了的小花，引导幼儿了解喝水的重要性。

师：这盆小花好几天都没浇水了，小朋友们看看它变得怎样了？

师：小花没有浇水就会变蔫，所以我们要给它浇水。我们也一样，也要多喝水，不然就会生病。

2. 教师为幼儿介绍托班专用的宽口水杯。

师：在我们托班有小朋友们专用的水杯。它的口宽宽的，所以我们需要慢慢喝才不会洒出来。

3. 教师指导幼儿拿水杯喝水的方法。

师：小朋友们喝水时要一手抓住水杯把，一手扶着水杯，一口一口慢慢喝。一定要保护好我们的小水杯不掉到地上，小水杯摔疼了，小朋友们就喝不到水了。

4. 教师协助幼儿找到自己的水杯，为幼儿倒适量的水，边念儿歌边请幼儿模仿使用水杯。

师：拿起小水杯，一手握杯把，一手握杯身，咕咚咕咚大口喝，健康宝宝就是我。

5. 带领幼儿分组接水、喝水。

活动小结

在日常生活中教师要基于幼儿兴趣，以游戏化的语言帮助幼儿养成爱喝白开水的习惯。例如："看看哪个小朋友能当一个勇敢的消防员把嗓子里的火灭掉！要大口喝，有咕咚的声音才能灭火哦。"教师也可以和幼儿一起喝水，借助幼儿爱模仿的特点来帮助幼儿养成好的生活习惯。教师要多表扬做得好的幼儿，也请家长在家鼓励幼儿多喝白开水，尽可能不喝或者少喝饮料。

（金可欣）

活动四：抹手油（生活）

活动目标

1. 初步学习抹手油的方法。
2. 感受自我服务的乐趣。

活动准备

1. 物质准备：手油。
2. 经验准备：有家人给抹手油的经验。

活动过程

1. 教师带幼儿做手指游戏，引入活动。

师：小手小手拍拍，我的小手举起来；
　　小手小手拍拍，我的小手转起来；
　　小手小手拍拍，我的小手抱起来；
　　小手小手拍拍，我的小手藏起来。

师：现在我们把藏起来的小手举起来，你们看看自己的小手，摸摸自己的小手，看看是滑溜溜的，还是干干的。我们怎样保护自己的小手呢？

2. 教师边念儿歌边示范抹手油的方法。

师：我们抹点手油，小手就滑溜溜的了，来看看老师是怎么把手油在手上变得不见的。

师：手油点在手背上，两个手背蹭一蹭，转转五个手指头，转转我的小手腕，小手小手变魔术，手油变得不见了。

3. 教师请幼儿抹手油，引导幼儿跟随教师边念儿歌边学习抹手油的方法。

教师重点指导抹手油的方法：手背挨手背抹一抹，用手心将手油抹均匀，转转五个手指头，最后抹抹小手腕，直到手油不见了。

师：哇！小朋友们都把手油变没了，闻闻自己的小手香不香，我们的小手真能干。

活动小结

托班幼儿一般会出现掌握不好抹油的量，忽视抹手背等问题，教师要更多通过动作示范，具体化的语言，如"挤出黄豆大小的香香"等，针对幼儿具体的问题给予个别指导。

（赵玥莹）

第一周活动案例

活动一：天安门（语言）

活动目标

1. 借助图片、儿歌认识天安门。
2. 喜欢跟着教师说儿歌。

活动准备

1. 物质准备：天安门图片，幼儿在天安门前的照片。
2. 经验准备：去过天安门或见过图片。

活动过程

1. 教师出示天安门图片，请幼儿观察。

师：这是什么地方？你们去过吗？

2. 教师根据儿歌内容引导幼儿再次观察图片，认识天安门。

师：天安门和小朋友们比，谁高，谁大呢？（天安门高又大。）

天安门的墙是什么颜色的？（红色。）

灯笼是什么颜色的？有几盏灯笼？

风吹过来了，红旗会发出什么样的声音？

师：有一个好听的儿歌就是专门说天安门的，我们来听一听。天安门，高又大，红红的墙，琉璃瓦，八盏红灯高高挂，风吹红旗哗啦啦。

3. 教师根据图片变换不同形式，引导幼儿学说儿歌。

(1) 教师指着图片说一句，幼儿模仿说一句。

(2) 教师说前半句，幼儿说后半句。

(3) 教师说前一句，幼儿说后一句。

(4) 教师大声说，幼儿小声跟着说。

(5) 教师和幼儿一起说。

(6) 个别幼儿到前面表演，其他幼儿跟着一起说。

4. 教师带领幼儿完整地学说儿歌，活动自然结束。

活动延伸

国庆假期期间，教师可请家长带幼儿去参观一些有代表性的建筑和纪念馆等，拍摄一些庆祝国庆的图片等，返园后请幼儿带相关的照片进行分享。这样不仅可以锻炼幼儿的语言表达能力，而且可以激发幼儿的爱国之情。

（阳小云）

活动二：常见的蔬菜（认知）

活动目标

1. 能指认几种常见蔬菜。
2. 通过多种感官认识常见蔬菜，知道多吃蔬菜身体好。

活动准备

1. 物质准备：准备常见的蔬菜（西红柿、黄瓜、萝卜、土豆、茄子、甜椒），也可请幼儿带常见的蔬菜来分享，神秘箱。
2. 经验准备：请家长在活动前带幼儿在超市认识常见蔬菜。

活动过程

1. 谈话导入，激发幼儿参与活动的兴趣。

师：小朋友们，你们和爸爸妈妈去超市都认识了哪些蔬菜？谁能介绍下你带来的蔬菜？

2. 教师展示蔬菜，请幼儿说一说蔬菜的名字，并在看一看、摸一摸、闻一闻中了解蔬菜的特点。

师：老师带来了几种常见蔬菜，你们看一看认识吗？知道它们的名字吗？

看一看：请幼儿尝试说出蔬菜的名字及颜色。

摸一摸：引导幼儿说出蔬菜表面是硬的还是软的；形状是圆的还是长的；等等。

闻一闻：教师可以把蔬菜切开后请幼儿观察，让幼儿闻一闻，摸一摸，说一说。

3. 神秘箱——摸一摸、猜一猜。

教师把蔬菜藏到神秘箱里，和幼儿玩游戏——"我说你摸"。

师：现在我们来玩"我说你摸"的游戏。我说蔬菜名字，你要摸出来看看是不是。

师：请一个小朋友到神秘箱里摸一摸，告诉老师和其他小朋友摸到的是硬的还是软的，是长的还是圆的。大家猜一猜摸到的是哪种蔬菜，说出它的名字。

4. 在游戏中自然结束活动

师：小朋友们，今天我们认识了土豆、西红柿、甜椒等好多种蔬菜。这些蔬菜能够给小朋友们提供营养，让我们的身体棒棒的！希望小朋友们都能够不挑食，多吃蔬菜。

活动延伸

托班幼儿的认知发展依赖于多种感官对生活中常见物品的感知，教育活动的内容要基于幼儿的已知经验，从生活中寻找有益的教育内容。例如，对常见蔬菜的认识。此外，教师也要充分调动幼儿的多种感官。在集体活动之后，教师可以将常见蔬菜投放至自然角中，让幼儿有机会去观察，也可以配置一些与蔬菜相关的图书、卡片、拼图、玩具等，让幼儿不断拓展相关经验。此外教师可以引导家长让幼儿做一些力所能及的事，如择菜等，在操作中进一步认识和感受。

（安妮）

活动三：蔬菜拓印（美术）

活动目标
1. 尝试使用胡萝卜、莲藕、甜椒、黄瓜、土豆等蔬菜印画。
2. 初步感受蔬菜印画的乐趣。

活动准备
1. 物质准备：胡萝卜、莲藕、甜椒、黄瓜、土豆，颜料、调色盘、毛巾若干。
2. 经验准备：玩过拓印的游戏。

活动过程
1. 教师展示常见蔬菜，请幼儿说出名字。

师：今天老师带来了几种蔬菜，你能说出它们的名字吗？

引导幼儿说出蔬菜的名称。

2. 教师出示范画，请幼儿欣赏。

师：蔬菜要和小朋友们捉迷藏，它们把自己藏在了画中，看看你们能不能找出来。

（引导幼儿根据蔬菜的特征找出画面中的蔬菜。）

3. 教师将蔬菜切开，展示横切面，并示范拓印。

师：刚才我们认识了胡萝卜、莲藕、甜椒等，现在我们把蔬菜切开看看是不是有好看的图案。

（引导幼儿观察蔬菜横切面的形状和特点。）

4. 教师示范蔬菜拓印（以莲藕、甜椒为例）。

师：这是切开的莲藕，我们用它来拓印一下，看看会出现什么形状。

师：第一步，选择你想要用的莲藕片。

第二步，把蔬菜的横切面放进颜料盘里，轻轻地蘸取颜料。

第三步，印到纸上，轻轻拿开。

（如果想换颜色可以用抹布把蔬菜上的颜料擦干净。）

师：谁想来试试甜椒？

邀请幼儿在教师的协助下完成甜椒的拓印画，帮助幼儿进一步了解拓印方法。

5. 幼儿开始作画，教师巡回指导。

(1)介绍材料。

师：你们想不想也做一幅蔬菜拓印画？老师给你们提供了纸、蔬菜、颜料，一会儿你们可以用自己喜欢的蔬菜做一幅蔬菜拓印画。

(2)幼儿操作。

指导要点：印的时间要长一些，并且要用力压，印完一个要等它晾一会儿，不碰到它。

6. 活动结束，请幼儿分享自己的作品，说说自己用的是哪种蔬菜和哪种颜色。

活动延伸

拓印画是托班幼儿非常喜欢的活动形式，教师可以在幼儿掌握基本方法之后替换多种材料，如小汽车、小勺子等，让幼儿尝试。此外教师也可以在教室中布置一块区域，提供大的画纸专门供幼儿拓印，这样不仅能让幼儿认识不同材料的特点，也能丰富幼儿的美术体验。

（安妮）

第二周活动案例

活动一：《散步》(语言)

活动目标

1. 喜欢模仿故事中小青蛙、小鸭子、小狗和小鸟的叫声。
2. 体验故事中的小动物和妈妈一起散步的快乐。

活动准备

1. 物质准备：图画书《散步》(小熊宝宝系列)及 PPT 课件。
2. 经验准备：听过小熊宝宝系列图画书；生活中听到过青蛙、鸭子、狗、鸟中某一种或几种动物的叫声。

活动过程

1. 教师出示封面图片引入活动，引起幼儿兴趣。

师：今天小熊宝宝又来了，小朋友们跟小熊宝宝打个招呼吧。你好，小熊！

（教师引导幼儿挥挥手，跟小熊打招呼。）

2. 完整讲述故事内容，引导幼儿观察画面中出现的小动物。

师：小熊今天要去散步，我们一起看看小熊都遇到了谁。

教师完整讲述故事，遇到新出现的小动物时，可以暂停问一问幼儿：这是谁？幼儿说出名字后，教师模仿该动物的叫声，继续讲述。

3. 带领幼儿回顾故事内容，引导幼儿初步模仿故事中小动物的叫声。

师：刚才小熊都遇到了谁？它们是怎么叫的？

（教师根据幼儿的回答，进一步引导幼儿模仿小动物的叫声，直到幼儿说出所有小动物为止。）

4. 重复阅读图画书，引导幼儿结合图片模仿小动物的叫声。

师：我们再一次跟着小熊一起散步吧，这一次看到哪个小动物时，请你来模仿一下它的叫声。

（教师逐页播放图画书，请幼儿跟随教师模仿"呱""呱—呱""嘎""嘎—嘎""汪"

"汪—汪""啾""啾—啾"的声音；或者由教师模仿"呱"，请幼儿模仿"呱—呱"。)

5. 总结活动内容，自然结束活动。

师：小朋友们，现在请你们跟着老师一起去散步吧。

(教师组织幼儿排队去户外，边走边带领幼儿复述故事内容，请幼儿和教师一起复述故事。)

活动延伸

教师可准备小熊、青蛙、鸭子、小鸟等动物头饰或手偶，放在娃娃家或者专门的表演区，在区域时间邀请幼儿，在老师的带领下一起表演故事内容；也可以请家长了解活动内容，将图画书分享给家长，请家长带领幼儿在散步时回忆故事内容，和幼儿一起模仿小动物的叫声，并根据幼儿个体经验延伸到更多种类的动物。

(李灵子)

活动二：粘贴葡萄(美术)

活动目标

1. 能将纸揉团，尝试用胶棒粘贴。
2. 乐于参加手工活动。

活动准备

1. 物质准备：葡萄，范画一幅，深浅不一的紫色皱纹纸若干，胶棒人手一个。
2. 经验准备：有使用胶棒粘贴的经验。

活动过程

1. 教师出示葡萄，引导幼儿欣赏。

师：小朋友们，这是什么？(葡萄。)葡萄是什么形状、什么颜色的？

2. 教师出示范画，引导幼儿观察。

师：老师特别喜欢这串葡萄，所以我制作了一串漂亮的葡萄，小朋友们看一看，好看吗？你们想不想也做一串葡萄带回家呀？下面要仔细看，看老师是怎么制作的。

3. 教师出示材料，并示范操作方法。

师：这是一幅只有葡萄叶子的画，我要做一串成熟的葡萄，我选择这个深紫色的皱纹纸。

师：拿出一张皱纹纸放在手心里揉一揉，揉成一个小球球，然后用胶棒抹上胶，粘在葡萄叶子的下面，在粘的过程中要一颗挨着一颗。

邀请幼儿尝试。

4. 幼儿操作，教师指导。

指导要点：

(1)提示幼儿搓的时候尽量搓圆，最后可以用手指捏一捏；

(2)用胶棒时注意多抹一点胶，粘的过程中用力摁一下；

(3)粘的过程中，要一颗挨着一颗，尽量不要留空隙。

5. 教师展示作品并请幼儿分享。

师：小朋友们的葡萄好漂亮呀！有的小朋友的葡萄每一颗都很大、很圆，有的小朋友的一串上面有好多葡萄。谁想分享一下你是怎么做的呢？

活动小结

用皱纹纸搓球对于托班幼儿来说有一定的难度，很多幼儿更喜欢握球。但搓这个动作有助于幼儿精细动作的发展，教师可以后续在美工区让幼儿多操作，感受搓的动作要领。

（张凯鸽）

第三周活动案例

活动一：《拔萝卜》1（语言）

活动目标

1. 喜欢听故事，初步了解故事内容。
2. 愿意在教师的带领下学说重复句式。

活动准备

1. 物质准备：故事《拔萝卜》电子课件，老爷爷和大萝卜的图片。
2. 经验准备：幼儿知道萝卜是长在地里的。

活动过程

1. 教师出示老爷爷和种在地里的大萝卜图片，引导幼儿猜测故事内容。

师：老爷爷种了一个大萝卜，萝卜长得又大又好，可是老爷爷刚高兴完就有点发愁了，这么大的萝卜他一个人怎么也拔不动，该怎么办呢？

2. 教师播放电子课件，讲述故事内容，并根据故事情节提问。

师：老爷爷喊"老婆婆，老婆婆，快来帮忙拔萝卜"。老婆婆说"哎，来啦"。老婆婆拉着老爷爷，老爷爷拉着萝卜叶子，一起拔萝卜。"嗨哟，嗨哟"，拔呀拔，萝卜动了吗？

师：老爷爷又喊"小姑娘，小姑娘，快来帮忙拔萝卜"。小姑娘拉着老婆婆，老婆婆拉着老爷爷，老爷爷拉着萝卜叶子，一起拔萝卜。"嗨哟，嗨哟"，拔呀拔，这下萝卜动了吗？

3. 教师继续讲述故事内容，尝试带领幼儿重复老爷爷的话。

师：萝卜还是没动，老爷爷家还有一只小花狗，我们一起帮忙喊小花狗来帮忙好不好？我们应该怎么说？（小花狗，小花狗，快来帮忙拔萝卜！）

师：萝卜还是没有动！我们再来喊上小花猫、小老鼠吧。（小花猫，小花猫，快来帮忙拔萝卜！小老鼠，小老鼠，快来帮忙拔萝卜！）

4. 教师引导幼儿理解"团结起来力量大"。

师：萝卜终于拔出来了！小朋友们为他们鼓鼓掌。小朋友们，萝卜是谁拔出来的呢？

师：萝卜是大家一起努力才拔出来的，我们给他们鼓掌。

活动延伸

拔萝卜是一个非常经典的故事，简单又充满故事情节的语言非常适合托班幼儿进行复述和学习。教师要用夸张的语言和表演将幼儿带入故事情境中。在幼儿熟悉了故事内容，能够熟练地说出故事中的对话时，教师就可以延伸相应的表演活动，请幼儿进行角色扮演，以巩固故事中的对话，对于故事情节也可以进行拓展和丰富。

(金可欣)

活动二：歌曲《拔萝卜》(音乐)

活动目标

1. 初步记忆歌词并学唱歌曲。
2. 喜欢参加歌唱活动。

活动准备

物质准备：歌曲《拔萝卜》，故事中的人物图片。

经验准备：听过《拔萝卜》的故事。

活动过程

1. 教师带领幼儿练习发声。

1 2 3 4 5， 5 4 3 2 1。

小朋友们好，×老师您好。

2. 教师谈话导入，带领幼儿回忆故事内容。

师：小朋友们还记得拔萝卜的故事吗？都有谁去帮助老爷爷拔萝卜了呢？

教师依次出示图片，引导幼儿回忆故事情节。

3. 教师播放歌曲，幼儿欣赏，并逐步引导幼儿跟唱。

(1)教师根据歌词内容出示对应的图片，使幼儿加深印象。

师：小朋友们，有一首好听的歌曲讲的就是拔萝卜的故事，我们来听一听吧，看看都有谁来帮忙拔萝卜了。

(2)教师分段演唱歌曲并出示图片。

(3)教师带领幼儿尝试跟唱，幼儿根据图片记忆歌词内容。

(重点带领幼儿大声唱"×××，快快来，快来帮我们拔萝卜"。)

(4)教师带领幼儿完整跟唱，尝试加上动作请幼儿模仿。(可重复2~3次。)

活动小结

幼儿在熟悉故事的基础上学习歌曲会非常有兴趣。教师要根据幼儿的情况适时调整活动的节奏，让幼儿在重复中逐步熟悉歌词和曲调，乐于参与和跟唱。

(金可欣)

活动三：《拔萝卜》2（语言）

活动目标

1. 愿意模仿教师的动作，表演故事。
2. 初步感受故事表演的乐趣。

活动准备

1. 物质准备：歌曲《拔萝卜》，《拔萝卜》人物的头饰。
2. 经验准备：熟悉《拔萝卜》的故事。

活动过程

1. 教师带领幼儿练习发声。

师：小树叶随风飘，我们一起学学沙沙沙的声音。大风使劲刮，我们一起学学大风呼呼的声音。

2. 教师带领幼儿演唱歌曲，回忆故事内容。

师：听听这首歌曲，你们还记得吗？是拔萝卜的歌曲，我们一起跟着唱一唱。

3. 教师引导幼儿逐一模仿故事中出现的人物。

师：老爷爷是什么样子的呀？（弯着腰，捋着胡须。）老奶奶是什么样子的呢？（背着手走路。）小姑娘蹦蹦跳跳地，小花猫喵喵喵地叫着，小狗汪汪汪地跑过来，小老鼠吱吱吱地出来。

教师可以请幼儿分别学学老爷爷、老奶奶、小姑娘、小花猫、小狗和小老鼠的样子，感受不同人物的动作特点。

4. 幼儿根据自己的兴趣拿相应的头饰来模仿。

师：老师这里有老爷爷的头饰、老奶奶的头饰，还有小姑娘、小花猫、小狗和小老鼠的头饰，你们喜欢谁就可以拿谁的头饰。

5. 教师根据幼儿选择的头饰将幼儿分组。

师：小朋友们看一看自己变成了谁，拿到一样头饰的小朋友是同一组的。

6. 教师分组组织幼儿表演故事。

一位教师讲故事，一位教师演大萝卜，一位教师负责组织幼儿上场拔萝卜。

师：现在老师来扮演大萝卜了。小朋友们仔细听一听，谁要出来了？

（重点带领幼儿重复"×××，快快来，快来帮我们拔萝卜"。）

7. 教师带着幼儿跟着音乐一起表演。

活动延伸

幼儿在表演中需要教师的带动和提示，教师可以用夸张的动作和语言引导幼儿去表现。如果幼儿对这个故事特别有兴趣，教师可以尝试让幼儿交换角色进行表演，引导幼儿体验表演的乐趣。

（金可欣）

第四周活动案例

活动一：我会走楼梯（生活）

活动目标

1. 学习一步一个台阶上、下楼梯。
2. 体验自己独立上、下楼梯的成就感。

活动准备

1. 物质准备：小熊，台阶，哥哥姐姐上、下楼梯视频，安全小卫士贴纸。
2. 经验准备：幼儿初步学习上、下楼梯的儿歌。

活动过程

1. 教师创设故事情境引入活动，吸引幼儿兴趣。

师：呜呜呜……是谁哭了？哦，是小熊摔倒受伤了，很痛，很痛。我们来问问小熊发生了什么吧！

师：小熊走楼梯的时候不小心摔倒了，我们一起抱抱小熊，安慰安慰它。

2. 教师播放安全上、下楼梯视频，引导幼儿关注安全上、下楼梯的重要性。

师：小熊是怎样摔倒的？我们一起看看视频。

师：小熊刚刚是怎样摔倒的？怎样才能不摔倒呢？（引导幼儿发现上楼梯不能跨台阶。）

师：谁能告诉小熊应该怎么上楼梯？（请幼儿示范。）

3. 教师播放上、下楼梯视频，引导幼儿关注上、下楼梯的方法。

师：我们一起看看哥哥姐姐有什么好办法。和我们上、下楼梯的方式一样吗？

引导幼儿发现小朋友的手都放在哪里，眼睛看哪里。

师：走楼梯的时候小手扶住栏杆，眼睛看台阶，排好队一个跟着一个走，一步一个台阶往上走。

4. 教师为幼儿贴上安全小卫士贴纸，引导幼儿跟随教师正确上、下楼梯。

师：安全小卫士为我们带来了他的贴纸，一会儿出去上、下楼梯时小朋友们都要变成小卫士，保护自己安全地上、下楼梯。

带领幼儿上、下楼梯，在儿歌引导下带领幼儿安全地走楼梯。

5. 总结活动内容，自然结束活动。

师：今天我们知道了，要用小手扶栏杆，眼睛看着台阶，小脚踩稳台阶，一个一个排好队走楼梯。现在请小朋友们去休息、喝水，一会儿出去玩儿的时候，看看哪个安全小卫士可以保护好自己！

附：儿歌《走楼梯》

一只小手扶栏杆，

眼睛看着小台阶，

一个跟着一个走，

一步一步走上楼/下楼。

（苗晶）

活动二：《洞洞》（语言）

活动目标

1. 能跟随故事观察画面，感知故事内容。
2. 能观察和发现生活中的洞洞。

活动准备

1. 物质准备：故事《洞洞》的电子课件，教室里有带洞洞的物品，相机。
2. 经验准备：熟悉班级环境，喜欢听故事。

活动过程

1. 教师引导幼儿观看电子课件，初步感知故事内容。

师：今天，我们来欣赏一个好玩的故事，来听一听、看一看它讲了什么？

教师出示图书，感受洞洞书的特点。

2. 教师以提问方式再次分享故事，引导幼儿观察画面，了解故事内容。

师：一个大大黑黑的洞洞是什么？圆圈旁边有很多小小的洞洞是什么？两个椭圆的洞洞是什么？哪里流出了鼻涕？能吃东西的嘴巴洞洞在哪里？能听声音的耳朵洞洞在哪里？能看见小车的洞洞在哪里？

师：我们身体有很多洞洞，它们虽然有不同的本领，但是每一个洞洞都很重要，都为小朋友做着重要的事情。所以，我们一定要爱护身体上的洞洞，勤洗澡，讲卫生，而且不能用手抠这些洞洞哦，不然就会很容易生病的。

3. 教师引导幼儿寻找教室里的洞洞。

师：不仅我们的身体上有洞洞，我们的教室里也有很多洞洞。现在老师请小朋友们找一找教室里的洞洞，如果你找到了可以请老师给你拍照。

（1）幼儿在教师的引导下找洞洞，教师帮忙拍照。

（2）通过多媒体分享幼儿找到的洞洞。

师：小朋友们真能干，找到了这么多洞洞，快给自己拍拍手吧。

活动延伸

可以请幼儿去找一找户外的洞洞，也可以请家长配合让幼儿找一找家里的洞洞，并拍照带到班里来分享。同时一定要做好安全教育，告诉幼儿不能随便用手抠各种洞洞，比如插座等。

（雷江燕）

活动三：有趣的点点画（美术）

活动目标

1. 感受用海绵棒拓印点点。
2. 体验创作的乐趣和成就。

活动准备

1. 物质准备：大小各异的圆形海绵拓印棒若干，各色颜料盘，画有蘑菇、长颈鹿、金鱼、八爪鱼、天空、大树、连衣裙、领带的画纸。
2. 经验准备：对生活中的点点物品和形象有了解，读过图画书《你好，点点》。

活动过程

1. 从图画书《你好，点点》引入，引导幼儿观察身边的小点点。

师：小朋友们，上一次我们一起阅读了图画书《你好，点点》，我们在里面认识了很多不同的小点点。今天，小点点们也想和我们一起玩游戏。你们仔细看一看，找一找，我们身边哪里有小点点？

引导幼儿关注老师和其他小朋友衣服上的点点，以及教室的墙壁装饰、窗帘、玩具上的小点点。

2. 教师示范海绵拓印棒的用法。

师：小点点真有趣，老师今天带来一个魔法工具，它可以变出大大小小的、五颜六色的小点点，我们一起来看一看吧。

教师使用海绵拓印棒蘸取颜料，将点点印在准备好的画纸上。

师：小朋友们看看这幅画，小点点在哪里？

（引导幼儿发现小点点在蘑菇上。）

3. 幼儿动手进行点点画的创作。

师：小点点除了会出现在蘑菇上，也有可能跑到长颈鹿身上，也有可能变成金鱼吐的泡泡，还有可能变成天空中飞着的气球……你们想让点点跑到哪里？（教师边说边示范。）

师：接下来，请小朋友选择自己喜欢的画纸，然后创作有趣的点点画吧。（引导幼儿注意使用海绵拓印棒时不混色。）

4. 作品欣赏与分享。

师：小朋友们，你们给谁添上了小点点呢？你们是怎么画小点点的？

活动小结

本次活动是一次美术活动，选取了幼儿喜欢的"点点"作为创作对象，以海绵拓印棒作为创作工具。在创作过程中，幼儿能用海绵拓印棒直观、快捷地印出点点，各种颜料和画纸也让幼儿的兴趣更加浓厚。

（李小艳）

活动四：小司机（体育）

活动目标

1. 尝试听信号控制走和停。
2. 在游戏中感知"红灯停，绿灯行"的规则。

活动准备

1. 物质准备：自制方向盘、红绿灯标志牌、马路情景的图片。
2. 经验准备：认识红绿灯和斑马线，听过《红绿灯眨眼睛》的故事。

活动过程

1. 教师出示《红绿灯眨眼睛》的图画书，引发幼儿的兴趣。

师：我们昨天一起分享了《红绿灯眨眼睛》的故事，今天红绿灯也来到了我们班，我们一起欢迎它们。

师：谁还记得红绿灯有什么本领？我们见到红灯要怎么样？见到绿灯呢？

教师可以带着幼儿一起试试按指令走走停停。

2. 教师出示红绿灯，让幼儿初步感知交通规则。

师：小朋友们真棒，红灯亮起来，小司机就要停下小汽车；绿灯亮了，就可以行驶了；黄灯亮起来，就要停下来等一等。

师：现在我们都是小司机，一会儿你们要好好观察红绿灯，看看谁的眼睛亮。

教师手举红绿灯的指示牌，引导幼儿边走边感受红灯停、绿灯行的特点。

3. 教师带领幼儿在户外做游戏，进一步体验游戏的乐趣。

师：现在请每个小朋友选一辆自己喜欢的小车。我们要去驾驶小汽车了，小司机们要遵守交通规则，仔细看红绿灯。

（此环节也可以是给每个幼儿一个方向盘，让幼儿带着方向盘进行游戏。）

玩法：

热身后在操场上设立红绿灯，每个幼儿拿一个"方向盘"走路假装"驾驶"，教师大声说红灯的同时在标志牌上出示红灯，所有幼儿停下来。当教师说绿灯并出示绿灯标志牌时，所有幼儿自由"驾驶"，教师提醒幼儿注意躲避。

幼儿玩过一两遍后，教师不再用语言提醒幼儿红绿灯的变化，让幼儿学会用眼睛看。

4. 教师小结。

师：今天小司机们太棒了，都遵守交通规则，我们都是棒棒的小司机。给自己鼓掌吧。

5. 放松活动。

活动延伸

小司机游戏是幼儿特别喜欢的游戏。他们喜欢扮演司机手握方向盘开车，口中还发出"滴滴"的声音。一开始可以让幼儿随意开车走，在他们熟悉了游戏之后，可以增加游戏情节。比如，设置一个有坡度的马路，或者是车道，让幼儿学会控制自己的身体在规定轨道上活动。

（赵玥莹）

十一月
秋天的色彩

月工作计划和周工作计划

十一月工作计划

本月重点		通过多种感官感知秋天的变化，愿意以多种形式去表达感受。
发展目标	生活与卫生习惯	1. 知道哪些玩具在小地毯上玩，玩完之后会把地毯收回去。 2. 会在教师的提示下，把拉开的衣服自己脱下来。 3. 在教师的提示下逐步养成主动喝水的习惯。 4. 在教师的陪伴下，能够情绪稳定地独立入睡。
	动作	1. 尝试学习双脚跳。 2. 喜欢参与球类活动，会踢静止的球。 3. 喜欢伴随音乐跟随教师模仿动作。
	语言	1. 在故事中尝试理解和使用简单的形容词。 2. 在教师的提示下，会重复自己熟悉的儿歌、童谣和短小的故事。
	认知	1. 能分辨常见的颜色并能依据指令说出颜色的名称。 2. 观察秋天的色彩变化，愿意用不同的艺术形式来表达感受。 3. 认识秋天常见的农作物、瓜果，初步感受秋天果实的丰富性。 4. 在和树叶做游戏的过程中，学会观察不同的树叶。 5. 感知生活中的数学。
	情感与社会性	1. 在教师的引导下会使用简单的文明用语，能主动问好、再见、道谢等。 2. 喜欢玩角色游戏，能将生活中常见的角色经验迁移至游戏中。 3. 具备初步的规则意识，在游戏中感知"轮流""等待"等交往规则。
教师指导重点		结合秋季丰富的物产为幼儿提供丰富的材料、工具和开阔的空间，引导幼儿主动探究。教师要时刻关注并观察幼儿，通过观察幼儿了解其兴趣及学习方式，并保护幼儿的安全。
家园配合要点		1. 日常生活中提醒幼儿主动问好，家长及时做好示范。 2. 鼓励幼儿在家自己穿、脱衣服。 3. 引导家长有意识地带幼儿观察秋天周围环境的变化，了解秋天常见果实的名称。

十一月第一周工作计划

本周工作目标：
1. 鼓励幼儿在入园、离园时向教师问好、道别，学习使用礼貌用语。
2. 组织与秋季相关的活动，引导幼儿观察感知秋天的季节变化。

	星期一	星期二	星期三	星期四	星期五
教育	**认知活动**：寻找秋天的颜色 目标： 1. 乐于寻找秋天的颜色。 2. 初步感知秋天丰富的色彩。	**语言活动**：儿歌《片片飞来像蝴蝶》 目标： 1. 跟随教师学儿歌。 2. 喜欢捡树叶、玩树叶。	**认知活动**：树叶宝宝找妈妈 目标： 1. 能够观察区分树叶的不同并尝试在户外找到对应的大树。 2. 通过看一看、摸一摸、抱一抱的方式感受大树妈妈树干的粗细和纹理。	**美术活动**：秋天的大树 目标： 1. 初步尝试用手掌蘸颜料印画，感受色彩的美。 2. 在活动中体验手掌印画的乐趣。	**认知活动**：丰收的秋天 目标： 1. 认识一些农作物，知道秋天是丰收的季节。 2. 能围绕话题表达自己的想法，积极参与交流。
生活指导	1. 引导幼儿知道如厕后先提小内裤再提外裤。 2. 鼓励幼儿能够自主端盘子，饭菜搭配吃。					
体育游戏	集体游戏1：小兔跳彩圈 目标： 1. 在游戏中学习双脚跳。 2. 能根据教师指令做动作。			集体游戏2：小猫捉鱼 目标： 1. 锻炼手膝着地向前爬。 2. 体验体育游戏的快乐。		
家园配合	1. 天气渐凉，家长可在早晚洗手、洗脸后让幼儿自己学习抹油。 2. 鼓励家长带幼儿外出欣赏秋天的美景，捡落叶、玩落叶，发现秋天的美。 3. 鼓励幼儿在家逐步尝试午睡时独立入睡。				

十一月第二周工作计划

本周工作目标：
1. 鼓励幼儿与教师一起收整玩具。
2. 鼓励幼儿尝试吃不同的蔬菜和水果。

	星期一	星期二	星期三	星期四	星期五
教育活动	**生活活动**：我会穿外套 目标： 1. 在教师的引导下认识外套的衣领、袖口，能分清里外。 2. 初步尝试自己穿外套。	**认知活动**：好吃的水果 目标： 1. 能指认生活中常见的水果。 2. 知道水果有营养，喜欢吃水果。	**美术活动**：石榴熟了 目标： 1. 尝试用手指点画的方法表现石榴。 2. 感受手指点画的乐趣，体验不同的美术表现形式。	**音乐活动**：《秋天》 目标： 1. 学唱歌曲《秋天》。 2. 感受歌曲优美的旋律。	**语言活动**：谁藏起来了 目标： 1. 了解小动物的典型特征，通过仔细观察找出要找的小动物。 2. 喜欢有互动的图画书。
生活指导	1. 提示并指导幼儿去户外前抹油，手心、手背、手腕都抹到。 2. 鼓励幼儿尝试自己穿、脱外套。					
体育游戏	集体游戏1：吹泡泡（复习） 目标：能听信号做指定动作。			集体游戏2：好玩的圆圈圈 目标： 1. 尝试用多种方法玩圈，感受玩圈的乐趣。 2. 体验和同伴一起玩圈的快乐。		
家园配合	1. 建议家长为幼儿提供方便活动的衣服，如袖口及裤腰的松紧要适度，易挽、好脱，不为幼儿购买紧身衣裤和系鞋带的鞋子。 2. 家长休息日多带幼儿到户外一起活动，保证适量的户外游戏时间，提高幼儿的运动兴趣和抗病能力。 3. 鼓励幼儿在家自己尝试穿、脱外套。				

十一月第三周工作计划

本周工作目标：
1. 注意观察幼儿的身体状况和情绪变化，预防秋季感冒或腹泻。
2. 引导幼儿进入地毯区域自己脱鞋并能将鞋子摆放整齐。

	星期一	星期二	星期三	星期四	星期五
教育活动	**音乐活动**：《小毛巾》 目标： 1. 学唱歌曲《小毛巾》。 2. 初步感知乐曲中的停顿。	**体育活动**：快乐的小树叶 目标： 1. 尝试根据教师发出的信号做动作。 2. 愿意参与体育活动，在情境中感受与同伴一起游戏的快乐。	**生活活动**：我会提裤子 目标： 1. 在教师的指导下尝试自己提裤子。 2. 体验自我服务的乐趣。	**美术活动**：秋天的树叶 目标： 1. 尝试使用小木槌敲打拓印的方式进行绘画创作。 2. 乐于参加艺术活动，体验活动的快乐。	**语言活动**：你别想让河马走开 目标： 1. 喜欢听故事，养成初步的倾听习惯。 2. 学习使用礼貌用语"请让一下""谢谢""对不起"。
生活指导	1. 鼓励幼儿自主进餐，不挑食，干稀搭配，细嚼慢咽。 2. 引导幼儿能将玩完的玩具放回原处。					
体育游戏	集体游戏1：小熊过生日 目标： 1. 练习双脚连续跳和钻的动作，发展身体的协调性。 2. 感受体育游戏活动中的乐趣。			集体游戏2：小兔跳彩圈（复习） 目标： 1. 在游戏中练习双脚跳。 2. 能根据教师指令做动作。		
家园配合	1. 季节交替，天气干燥，要多关注幼儿的饮水量，并合理安排幼儿的饮食起居，调整幼儿的着装。 2. 鼓励幼儿在家尝试自己穿、脱鞋子，并能将鞋子摆放整齐。					

十一月第四周工作计划

本周工作目标：
1. 创设自然角，引导幼儿认识秋季常见的农作物、蔬菜瓜果等，感受秋天是一个丰收的季节。
2. 帮助幼儿巩固正确的洗手方法，确保小手卫生。

	星期一	星期二	星期三	星期四	星期五
教育活动	**认知活动**：南瓜 目标： 1. 通过各种感官认识南瓜。 2. 初步了解南瓜好吃有营养。	**美术活动**：南瓜拓印 目标： 1. 尝试使用海绵拓印。 2. 体验拓印活动的乐趣。	**体育活动**：泡泡糖 目标： 1. 能根据指令做出相应的动作，提升身体的反应能力。 2. 在教师的指导下，初步尝试与同伴合作。	**音乐活动**：小手爬 目标： 1. 喜欢参与音乐游戏，并跟随音乐做简单的动作。 2. 体验音乐游戏的快乐。	**音乐活动**：什么乐器在唱歌 目标： 1. 认识常见的打击乐器（棒棒糖鼓、三角铁、木鱼），感受不同的声音。 2. 学习用正确的敲击方法表达自己的情感。
生活指导	\multicolumn{5}{l}{1. 引导幼儿有大小便时要主动告诉教师，并及时去厕所。 2. 注意检查并帮助幼儿塞好衣服，不露肚皮。}					
体育游戏	集体游戏1：网鱼 目标：尝试闪躲，提升身体的灵活性。			集体游戏2：小兔子吃萝卜 目标：练习正面投掷的动作，发展幼儿上肢力量及手眼协调能力。	
家园配合	1. 在日常生活中引导幼儿认识常见的蔬菜、水果，引导幼儿吃各种各样的食物。 2. 养成亲子阅读的好习惯。				

第一周·主题活动案例

进入秋季，幼儿对秋天最深的印象就是随风飘落的树叶、丰收的果实和丰富的色彩。在户外活动时，和落叶做朋友、一起在户外捡落叶、一起玩落叶雨等是幼儿最喜欢的活动。同样，秋天丰富多彩的色彩也给予幼儿发现和感受大自然之美的机会。走进秋天，在大自然中感知、探究季节特点便成为十一月重要的活动主题。我们尝试利用这一季节的特点，结合托班幼儿喜欢模仿和爱玩的天性，将玩、感受和表达融合在一起，让幼儿通过多种感官感受自然之美，并通过多种途径表达对美的感受。主题活动目标与主题网络图（图 3-1）如下。

主题活动目标：
1. 在活动中充分感知秋天的季节特征，发现秋天的美；
2. 喜欢参与各种方式的艺术表征活动，乐于歌唱和绘画；
3. 在跟随教师观察、活动的过程中发现大自然的美。

```
                    ┌── 认知活动 ── 寻找秋天的颜色
                    │
                    ├── 语言活动 ── 片片飞来像蝴蝶
                    │
     秋天的色彩 ──── ┼── 数学活动 ── 树叶宝宝找妈妈
                    │
                    │               ┌── 秋天
                    └── 艺术活动 ───┼── 秋天的大树
                                    └── 秋天的树叶
```

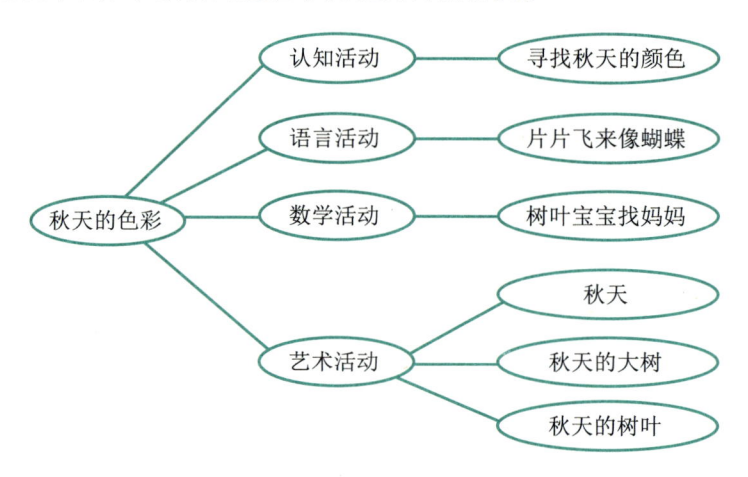

图 3-1　主题网络图

五彩缤纷的落叶是秋天送给幼儿最好的礼物，也是幼儿感知自然之美的最直接的途径。教师如果能充分利用幼儿的兴趣，从周围环境入手，将不同领域的学习融入游戏之中，就能让幼儿在捡树叶、玩树叶、与树叶做游戏的过程中增加认知经验，锻炼表达能力，提升艺术素养。

"寻找秋天的颜色"——这是一个探究式的认知活动。教师利用叶形纸让幼儿去发现秋天的色彩，感知秋天的美丽。在这一过程中幼儿能够通过自己的观察寻找、发现秋天的变化。除此之外，教师要充分利用好大自然这个"活教材"，让幼儿走出教室，用眼睛、用手、用鼻子去看一看、摸一摸、闻一闻秋天的变化，充分给予幼儿探究的机会，让幼儿积累更多的认知经验。

"片片飞来像蝴蝶"——幼儿有了丰富的感受之后，教师可以给予幼儿充分表达的机会，让他们尝试把自己的所见、所感用语言表达出来。在幼儿充分表达的基础上，教师利用形象生动的儿歌来丰富幼儿的语言，帮助幼儿提升表达能力。

"树叶宝宝找妈妈"——通过游戏发现树叶与树叶的不同，并尝试将户外找到相应的大树，在看一看、摸一摸、抱一抱的过程中，感受大树的粗细和纹理等特点，并在树叶和大树的匹配过程中感知整体与部分的关系，提升幼儿树细节的观察能力。

"秋天""秋天的大树""秋天的树叶"——这三个活动都是关于艺术感受的，更多聚焦于幼儿对秋天色彩的感知。幼儿在充分感知秋天的变化之后，会借助他们的直观感受去表达。教师基于此组织多种艺术活动，能够拓展幼儿的兴趣，提升幼儿的艺术素养及表达能力。

活动一：寻找秋天的颜色（认知）

活动目标

1. 乐于寻找秋天的颜色。
2. 初步感知秋天丰富的色彩。

活动准备

1. 物质准备：A4纸大小的镂空叶形纸若干（教师在A4纸上剪出不同叶子的形状），不同颜色的彩纸。
2. 经验准备：认识基本的颜色。

活动过程

1. 教师出示叶形纸，引发幼儿兴趣。

师：小朋友们仔细看一看你们发现了什么。

师：老师拿的这张纸有一个洞洞，这个洞洞是叶子的形状。这是老师制作的叶形纸，它能做好玩的游戏。仔细看，老师要用叶形纸变魔术啦！

教师将叶形纸放在彩色纸的上面，请幼儿观察变化。

师：我把叶形纸放在了绿色的纸上面，我们就看到了一片绿色的叶子，放在黄色纸的上面，我们就会看到一片黄色的叶子。

2. 教师带领幼儿去户外寻找秋天的颜色。

(1) 教师出示剪好的叶形纸，请幼儿选择喜欢的叶形纸。

师：老师这里有很多不同形状的叶形纸，你们可以选一个自己喜欢的叶形纸，我们带着它去户外做游戏，找一找秋天的颜色。

(2) 带着叶子外出寻找秋天的色彩。

教师引导幼儿将叶形纸放在不同的叶子上，去观察叶形纸里面的颜色，并鼓励幼儿表达自己的发现。

师：（教师将自己的叶形纸放在冬青上。）我的叶子变成了绿色。你们叶子变成了什么颜色？

教师和幼儿一起去用叶形纸寻找不同的色彩，感知秋天丰富的色彩。

活动延伸

教师可以将叶形纸换成其他的形状，如蝴蝶、小花等，鼓励幼儿去寻找不同的颜色并大胆表达，拓展和延伸幼儿的兴趣。教师可以将幼儿收集到的秋天的色彩拍照，打印粘贴到班级中，让幼儿在教室里也能感受到秋天的色彩，看到自己寻找的秋天的颜色。

（阳小云）

活动二：儿歌《片片飞来像蝴蝶》（语言）

活动目标

1. 尝试跟随教师学说儿歌。
2. 喜欢捡树叶、玩树叶。

活动准备

1. 物质准备：各种树叶，树叶掉落的视频。
2. 经验准备：幼儿在户外观察过树叶掉落的景象，玩过树叶雨的游戏。

活动过程

1. 教师出示树叶，引入活动。

师：这是一片什么颜色的树叶？老师把它从高处扔下来，你们看看像什么。

换不同颜色的树叶重复上述提问，引导幼儿大胆说出自己的发现。

师：当很多树叶从我们的头上落下时，它们像什么呀？

教师将很多树叶撒向天空，让树叶从幼儿头顶落下，请幼儿表达自己的感受。

2. 教师播放视频，引导幼儿观察并表达，引出儿歌内容。

（1）教师引导幼儿说一说自己看到的景象。

师：秋风吹过的时候，树枝发生了什么变化？

师：对，秋风吹来了，把树枝吹得摇来摇去，我们一起说"秋风吹，树枝摇"。（教师可以用身体表现大风吹动树枝的样子，并重复1~2次。）

（2）幼儿看落下来的树叶都有什么颜色的。

师：有黄色和红色的树叶呀，大家跟我一起说"红叶黄叶往下掉"。（重复1~2次。）

（3）幼儿想一想刚才看到的树叶落下来像什么。

师：这些小树叶乘着秋风，变成了一只只的小蝴蝶。"红树叶，黄树叶，片片飞来像蝴蝶"。（请幼儿跟教师重复1~2次。）

（4）教师带领幼儿完整地朗诵儿歌。

师：秋风吹，树枝摇，红叶黄叶往下掉，红树叶，黄树叶，片片飞来像蝴蝶。

3. 教师带领幼儿用肢体动作表演儿歌的内容，增加活动的趣味性。

（1）教师一边朗诵《片片飞来像蝴蝶》，一边用肢体做动作。

（2）鼓励幼儿模仿教师的动作，一起表演树叶像蝴蝶一样落下。

活动延伸

在幼儿熟悉了儿歌之后，可以和幼儿一起边抛撒树叶边说儿歌，也可以播放轻音乐，让幼儿随音乐表达。如果天气好，也可以带领幼儿到户外边说儿歌边抛撒树叶。这样幼儿可以更直观地看到树叶飘落下来，更容易理解。

附：儿歌

秋风吹，树枝摇，

红叶黄叶往下掉。

红树叶，黄树叶，

片片飞来像蝴蝶。

（阳小云）

活动三：树叶宝宝找妈妈（认知）

活动目标

1. 能够观察区分树叶与树叶的不同，并尝试在户外找到对应的大树。
2. 通过看一看、摸一摸、抱一抱的方式感受大树妈妈树干的粗细和纹理。

活动准备

1. 物质准备：准备槭树、梧桐树、银杏树等树叶若干。
2. 经验准备：幼儿有收集、观察树叶的经验。

活动过程

1. 教师组织"树叶雨"的游戏，引入活动主题。

师：小朋友们，今天老师带来了一大包树叶，我们快来和树叶宝宝做游戏吧！

教师将树叶抛洒至空中像下雨一样落在幼儿身上，注意分散洒落避免幼儿碰撞。

2. 教师创设情境，引导幼儿为树叶宝宝找妈妈。

(1)引导幼儿发现三种树叶的不同。

师：我找到了一个漂亮的树叶，快看看，它是黄色的，好像一把小扇子，它是银杏树宝宝，看看谁捡到了银杏树宝宝，请你举起来。

我发现了一个椭圆形的大树叶，谁能找到和我一样的树叶。

教师依次引导幼儿找到银杏树叶、槭树叶和梧桐树叶。

(2)教师带领幼儿为树叶宝宝找妈妈。

师：这些树叶宝宝被大风吹了下来，但它特别想念自己的大树妈妈，你们能帮它找到大树妈妈吗？

师：我们现在一起帮黄色的银杏树叶找妈妈。我们找找看，哪棵大树是银杏叶的妈妈？

(3)教师在游戏中引导幼儿发现大树妈妈和树叶宝宝之间的关系。

师：你是怎么帮树叶宝宝找到妈妈的？

师：原来，哪棵大树上的叶子和我们手中的叶子一样，那棵大树就是树叶宝宝的妈妈。

3. 教师带领幼儿利用身体动作感受大树妈妈的不同。

师：原来银杏树叶的妈妈是细细的，高高的，我们一起摸摸大树妈妈，它的树干是什么样的？

师：我们来抱一抱银杏树妈妈。

师：现在我们帮树叶宝宝都找到了妈妈，我们把银杏树叶放到银杏树下，把梧桐树叶放到梧桐树下。

活动延伸

在幼儿找到大树妈妈，对大树妈妈的树干有了直观的感受之后，教师可以用大白纸或塑料布将树干围拢起来，引导幼儿用小刷子去拓印大树妈妈的树干，感受大树妈妈树干不同的纹理。

（滕瑾）

活动四：秋天的大树（美术）

活动目标

1. 初步尝试用手掌蘸颜料印画，感受色彩的美。
2. 在活动中体验手掌印画的乐趣。

活动准备

1. 物质准备：红、黄、绿三种颜料，刷子，抹布，画有大树的纸张若干，秋天大树的图片。
2. 经验准备：观察过秋天的大树。

活动过程

1. 教师展示图片，请幼儿观察秋天的大树。

师：秋天树叶都有什么颜色？树上的树叶多不多？树叶都到哪里去了？

师：秋天到了，大风一吹，树上的树叶很多都吹到地上了。它们都在地上睡大觉，给大地盖上了厚厚的被子。可是大树妈妈特别想它的宝贝们，今天我们就帮大树妈妈留住它的树叶宝宝们。

2. 教师展示画有大树的纸张。

师：这是什么？大树上有树叶吗？

师：我们一起来帮助大树妈妈找回它的树叶宝宝们吧！

3. 教师示范创作步骤。

（1）先把两只手的袖子往上卷一下。

（2）用刷子蘸上颜料，涂满手指、手掌。

（3）把印有颜料的手印在树枝上，不同手形可以印出不同形状的树叶。

（4）在纸张上停留一会儿，再拿起来，一片树叶就印好了。

（5）邀请一名幼儿上前试试，感受一下手掌印画的特点，并引导幼儿熟悉过程。

4. 幼儿分组操作，初步尝试用手掌蘸颜料印画。

（1）教师帮助幼儿穿好罩衣。

（2）指导幼儿用刷子将手掌刷满颜色，鼓励幼儿大胆选择自己喜欢的颜色进行创作。

（3）印在纸上不动，再轻轻地把手抬起来。

（4）如果要选其他的颜色可以先洗手，然后用同样的方法拓印。

教师指导幼儿把树枝上都画满树叶，作品完成后提醒幼儿洗手，并脱掉罩衣。

师：小朋友们已经帮大树妈妈找回了树叶宝宝，大树妈妈说"谢谢小朋友们，你们的小手真能干，你们帮我找回的树叶宝宝都很漂亮"。

5. 教师引导幼儿分享作品。

师：我们看看大树妈妈都有什么颜色的树叶宝宝？哪个是你印的树叶宝宝？

活动延伸

手掌印画是一种很适合托班幼儿的活动方式。在幼儿掌握手掌印画之后，可以引导幼儿用不同的手型印出不同的树叶；也可以印完一片树叶，不用擦手，看看两种颜色印出的效果是什么样的；还可以在教师的帮助下，手掌的一半是一种颜色，另一半是另一种颜色去拓印。让幼儿观察不同的效果，感受不同的色彩美。

（阳小云）

第二周活动案例

活动一：我会穿外套（生活）

活动目标

1. 在教师的引导下认识外套的衣领、袖口，能分清里外。
2. 初步尝试自己穿外套。

活动准备

1. 物质准备：教师、幼儿每人一件开襟外套。
2. 经验准备：幼儿认识自己的外套。

活动过程

1. 教师引导幼儿认识外套的衣领、袖口和里外。

师：小朋友们，天气冷了，我们每天都需要穿外套，今天我们就来学一学自己穿外套。我们先来认识下我们的外套。老师这里有一件外套，你们谁能帮我找一找哪里是衣领，哪里是袖口？

教师展示两到三件外套，请幼儿上前找一找不同衣服的衣领、袖口在哪里。

师：小朋友们，认识了外套的衣领和袖口，还有很重要的一件事就是能分清里外。我们衣领上有标签的一面就是里面，没有标签的一面就是外面。

2. 教师展示穿外套的方法。

师：现在我们就来学习穿外套的方法了，小眼睛仔细看哦！先找到衣服的衣领，抓着衣领把外套铺好，里面朝上，袖口拉平，然后两只手找到袖筒的两个小洞洞，胳膊钻进小洞洞，然后向上向后甩，衣服就套在身上啦！

3. 教师借助儿歌引导幼儿尝试穿外套。

师：小老鼠，钻洞子，吱溜吱溜上房子。

教师根据幼儿个体差异给予不同层次的指导和帮助。

活动延伸

教师可以将穿外套的步骤拍成图片，贴在衣柜附近的位置，引导幼儿根据图片学习穿外套，此外也可以把儿歌、穿外套的方法分享给家长，引导家长在家中鼓励幼儿尝试自己穿外套，让幼儿通过不断的练习掌握穿外套的方法。

（金菁）

活动二：好吃的水果（认知）

活动目标

1. 能指认生活中常见的几种水果。
2. 知道水果有营养，喜欢吃水果。

活动准备

1. 物质准备：准备常见的水果若干，与水果对应的图片一组，神秘袋一个。
2. 经验准备：品尝过常见的水果，见过切开的水果、水果的图片。

活动过程

1. 教师准备装有水果的神秘袋，教师描述水果特征，请幼儿猜测。

师：老师今天带来了一个神秘袋，里面藏着几种水果宝宝，现在我来摸一摸，请小朋友们猜一猜是哪种水果。

师：这个水果摸起来软软的，弯弯的（香蕉）。

师：这个水果摸起来圆圆的、硬硬的（苹果）。

师：这个水果个子大，圆圆的，像一个大皮球（西瓜）。

教师出示水果，引导幼儿根据刚才的猜谜去对照水果，加深幼儿对水果的了解。

2. 教师引导幼儿观察各种水果的特征。

师：这些水果看上去一样吗？摸上去什么感觉？你吃过哪种水果？是什么味道呢？

教师将水果藏回到神秘袋里，教师说名字，邀请幼儿摸水果，并引导幼儿说出自己是怎么知道的。

师：每种水果的形状都不一样，它们的味道也不一样，有的甜，有的酸，每种水果都有很多营养成分，小朋友们要每天吃水果哦。

3. 教师将部分水果(苹果、鸭梨、火龙果、香蕉、猕猴桃、柚子等)切开,请幼儿观察并根据切面判断是哪种水果,并找到水果图片。

师:老师这里有一些切开的水果,请小朋友们猜猜看它们是什么。

师:请小朋友们看看切开之后的水果肚子里有什么,找找看是哪种水果。

4. 教师小结,结束活动。

师:原来水果切开后里面的样子也不一样。今天我们认识了很多小朋友喜欢吃的水果,希望每种水果都能跟你们成为好朋友。

活动延伸

请家长协助和指导幼儿自己剥水果、制作水果沙拉、榨果汁等,让幼儿在操作中认识水果,感受不同水果的味道并体验水果的多种吃法,也可以在班级区域中投放神秘袋,开展摸水果的游戏,或在自然角提供水果图片、切开的水果图片与水果实物。

(雷江燕)

活动三:石榴熟了(美术)

活动目标

1. 尝试用手指点画的方法表现石榴。
2. 感受手指点画的乐趣,体验不同的美术表现形式。

活动准备

1. 物质准备:石榴、白纸、红色颜料、抹布等。
2. 经验准备:见过石榴,品尝过石榴。

活动过程

1. 教师出示石榴,请幼儿观察,说一说石榴的外形特征。

师:小朋友们认识这是什么水果吗?它看起来是什么样的?你们摸摸看,有什么感觉?你们吃过吗?是什么味道的?

师:石榴皮红红的,石榴花像皇冠一样,外皮滑溜溜的。

2. 教师边念儿歌边将石榴剥开,引导幼儿观察石榴的内部特征。

师:石榴妈妈宝宝多,一个挨着一个坐,轻轻剥下石榴籽,吃到嘴里酸又甜。

3. 教师示范用手指点画。

师:老师这里有一个切开的大石榴,我们一起用我们的小手指来画石榴籽。我们先用手指沾颜料,点在石榴妈妈肚子里,石榴宝宝一个挨着一个坐。

教师可以在示范后邀请幼儿操作。

4. 请幼儿尝试作画,教师分组指导。

指导要点:

(1)引导幼儿用手指点画,点画后要及时抬起;

(2)引导幼儿分散点画,石榴籽要一个挨一个。

5. 分享幼儿作品，鼓励幼儿展示作品。

师：每位小朋友都有一幅石榴画，你们的小手真能干！石榴宝宝在妈妈的肚子里好开心，老师把你们的石榴画都挂起来装饰我们的墙面吧。

6. 教师与幼儿一起回忆儿歌，活动结束。

活动延伸

点画因其操作方便，是非常适合托班小朋友的。教师可以在幼儿掌握点画技能的基础上，请幼儿尝试点画葡萄、樱桃等，拓展幼儿的兴趣，引导幼儿发现手指点画的乐趣。

（雷江燕）

活动四：《秋天》（音乐）

活动目标

1. 学唱歌曲《秋天》。
2. 感受歌曲优美的旋律。

活动准备

1. 物质准备：和歌词内容相关的图片、有明显秋天特征的音乐视频、树叶头饰、歌曲《秋天》的音频。

2. 经验准备：知道秋天来了，喜欢唱歌。

活动过程

1. 教师带幼儿做发声练习。（通过基本音阶 do re mi fa so，so fa mi re do 进行问答。）

师：小朋友们好！　幼：×老师您好！
师：小猫怎样叫？　幼：喵喵喵喵喵。
师：小羊怎样叫？　幼：咩咩咩咩咩。

2. 教师播放秋天的视频，引入活动。

师：这是一段关于秋天的视频。我们看到了大树随风飘荡，树叶有红色的、绿色的、黄色的，是不是特别漂亮？

师：现在我们都变成小树叶，我们一起跟着音乐来表现小树叶飘落的样子吧。

教师带着幼儿边跟随音乐做动作，边感受音乐的旋律。

3. 教师引导幼儿学唱歌曲，鼓励幼儿用好听的声音演唱。

(1) 教师示范唱歌曲《秋天》。

师：刚才你们在歌曲里听到了什么？

师：秋天美不美？树叶会怎么样？

教师用说儿歌的方式引导幼儿熟悉歌词。

(2) 幼儿学唱歌曲。

幼儿跟着教师一句一句地唱，关注幼儿的发声，提醒幼儿用自然的声音演唱。

教师出示图片，帮助幼儿记忆和理解歌词。

重复几遍后，幼儿与教师一起跟着音乐做简单的律动。

教师小结：小朋友们唱得真好听。秋天真的太美了，树叶到处飞呀飞，飞到地上睡着了。

4. 教师组织游戏"我是一片小树叶"。

(1)教师和幼儿一起扮演小树叶，一边唱歌一边表演树叶一片片飞的情景。

(2)教师把树叶集中在一起抛树叶，让幼儿进一步观赏树叶飘落的景象，并在音乐的伴奏下演唱歌曲。

(3)每个幼儿头戴树叶头饰，扮演树叶宝宝，并随着优美的音乐一边表演，一边唱歌。

活动延伸

在幼儿熟悉歌词并能熟练演唱歌曲之后，教师可以改编歌词内容，如树叶落在房顶上、滑梯上、秋千上等，拓展幼儿的兴趣。

(阳小云)

第三周活动案例

活动一：《小毛巾》(音乐)

活动目标

1. 学唱歌曲《小毛巾》。
2. 初步感知乐曲中的停顿。

活动准备

1. 物质准备：《小毛巾》歌曲，图谱，幼儿人手一块毛巾。
2. 经验准备：幼儿已知道五官的名称，喜欢跟随老师演唱歌曲。

活动过程

1. 教师带幼儿做发声练习。（通过基本音阶 do re mi fa so，so fa mi re do 进行问答。）

师：小朋友们好。

幼：×老师您好。

2. 教师出示毛巾引出主题，激发幼儿参与活动的兴趣。

师：小朋友们，今天小毛巾听到你们好听的声音了，我们一起和小毛巾打个招呼吧。

师：我们想一想毛巾可以帮助你们做什么。

师：毛巾可以帮助我们洗手，洗眼睛、鼻子、嘴巴，小毛巾的本领可真大！小朋友们说得真好！我用你们的话编了一首歌，我们一起来听听。

3. 教师播放歌曲，请幼儿感知歌曲旋律，听辨歌词内容。

师：好听吗？你们都听到了什么？

教师带领幼儿熟悉歌词内容。

师：小小毛巾爱玩水，洗了眼睛、鼻子、嘴，还跟耳朵亲亲嘴。小小毛巾爱玩水，洗了眼睛、鼻子、嘴，还跟耳朵、脖子亲亲嘴。

4. 教师再次播放音乐，用动作提示幼儿关注音乐停顿的部分。

师：咦，刚才歌曲里有一个地方突然停下来了，你们听到了吗？

师：我们再一起听听这个地方，到这里，我们就要停一下，我们可以用亲亲毛巾的方式来表示。我们一起试试看。

5. 教师根据歌曲内容制作图谱，根据图片提示带领幼儿念唱儿歌。

师：现在我们来根据图谱一起念唱儿歌。图谱上像闪电的小标志就是提醒我们要停一下，要去亲亲毛巾。

6. 幼儿人手一块毛巾，学唱歌曲《小毛巾》。

师：现在我们一起来跟着歌曲和毛巾做游戏吧。

教师与幼儿一起唱《小毛巾》，并引导幼儿到休止符的地方用亲亲毛巾来表示。

在音乐游戏中自然结束活动。

（在幼儿洗手环节可播放此歌曲，或带领幼儿唱儿歌。）

活动小结

休止符对于托班幼儿来说有点难，但通过亲亲小毛巾的动作去感受停止则可以帮助幼儿更好地理解歌曲。这首歌曲可以放在过渡环节中，让幼儿在潜移默化中学会歌曲。

（安妮）

活动二：快乐的小树叶（体育）

活动目标

1. 尝试根据教师发出的信号做动作。
2. 愿意参与体育活动，在情境中感受与同伴一起游戏的快乐。

活动准备

1. 物质准备：铃鼓一个、风婆婆头饰、小树叶的贴画。
2. 经验准备：见过风吹树叶飘落的情景，喜欢走、跑、蹲等。

活动内容

1. 教师引导幼儿通过儿歌做热身运动。

张张嘴，河马爱喝水，

摸摸脸，猫儿在洗脸。

弯弯腰，猴子捡香蕉，

动动脚，袋鼠爱跳高。

伸伸臂，孔雀要开屏，

绕绕膝，鳄鱼爬上岸。

2. 创设风婆婆和小树叶的情境，激发幼儿的活动兴趣。

师（戴风婆婆头饰）：天凉了，刮风了，小树叶宝宝离开大树妈妈要跟着风婆婆去探险了。在探险之前，我们一起活动一下。

（带领幼儿活动身体各关节，尤其是下肢部分。）

3. 创设风婆婆和小树叶的情境，练习走、跑。

师（戴风婆婆头饰）：小树叶们都已经做好准备了，现在跟着风婆婆一起出去探险吧。

（带领幼儿在场地内练习快走、慢走、跑，并能听教师指令停和走。）

4. 模拟爬山、钻洞等情景，练习旋转、蹲走、踮脚等动作。

师：现在小树叶要听指令，我们要钻山洞、爬山了。

（引导幼儿蹲着走、踮脚走等。）

师：现在风婆婆要吹风了。当风婆婆吹大风时，小树叶们要快跑；当风婆婆吹小风时，小树叶要慢走；当风婆婆吹旋风时，小树叶要转一个圈；当风婆婆停止时，小树叶要立刻停下来。

指导要点：玩游戏1～2遍，关注幼儿是否能够按照风婆婆的指令进行相应的活动。

5. 加入铃鼓，听信号做动作。

师：现在我要请出我的好朋友铃鼓。小朋友们要仔细听，当铃鼓的声音快时，小树叶也要快快跑；当铃鼓的声音慢时，小树叶要慢慢地走；当铃鼓没有声音时，小树叶要立刻停下来。

（重点指导幼儿跟随铃鼓声做不同的动作。）

6. 放松活动。

师：我们的探险就要结束了，小树叶们跟着风婆婆一起坐在草地上休息一下。我们一起按按腿，拍拍腿，揉揉腿。

活动小结

本次活动主要是通过教师发口令、铃鼓发口令多次练习，锻炼幼儿听信号做动作。铃鼓的加入更能吸引幼儿参与到集体活动中，并能使幼儿在风婆婆和小树叶的情景表演中感受到游戏的快乐。

（张凯鸽）

活动三：我会提裤子（生活）

活动目标

1. 在教师的指导下尝试自己提裤子。

2. 体验自我服务的乐趣。

活动准备

1. 物质准备：幼儿提裤子步骤图，儿歌《卷白菜》，一条幼儿的裤子，大班哥哥或姐姐（或小朋友提裤子的视频）。

2. 经验准备：幼儿有自己提裤子或被老师帮助提裤子的体验。

活动过程

1. 教师引导幼儿观察自己的裤子，并指指自己裤子的前面、后面有什么，自己的裤腰在哪里。

2. 邀请大班的哥哥或姐姐（或视频）为幼儿展示提裤子，幼儿观察。

师：今天老师请来了一位小老师，她是××班的××小朋友。今天她要来教我们一个新本领——提裤子，我们一起看看她是怎么提裤子的。

请大班幼儿示范提裤子的方法。

师：小姐姐提裤子前先做了什么？她的手抓在哪里往上提？裤子的中间对准了哪里？

教师边说边引导幼儿试试抓裤腰往上提。

3. 教师通过步骤图和儿歌为幼儿讲解提裤子的步骤。

师：老师把小姐姐提裤子的方法编成了一首儿歌，我们一起来看看。

师：卷卷卷白菜，捏捏捏饺子，盖盖盖锅盖。小手用力往上提，衣服塞进小裤子，前后两边整理齐。

4. 教师带领幼儿边念儿歌边模仿提裤子的动作，并进行个别指导。

活动小结

由于幼儿的个体差异较大，所以在引导示范之后，最重要的是关注幼儿在日常生活中的体验和效果，同时针对不同水平的幼儿有不同的提示和帮助方法。对于托班幼儿更多是请他们提好前面的裤子，能把前面的衣服掖到裤子里即可，而不要求把前后都提好。

（金可欣）

活动四：秋天的树叶（美术）

活动目标

1. 尝试使用小木槌敲打拓印的方式进行绘画创作。

2. 乐于参加艺术活动，体验活动的快乐。

活动准备

1. 秋天落叶的照片若干张；各种颜色的落叶；白色小方巾、小木槌、垫板等。

2. 经验准备：有观察过秋天的树叶、收集树叶的经验。

活动过程

1. 教师分享秋天落叶的图片请幼儿欣赏并用语言描述。

师：秋天的落叶漂亮吗？你都看见了哪些颜色的树叶？

师：秋天到了，树叶的颜色真好看，有红色的、黄色的、橘黄色的，还有绿色的。大风一吹，把好多树叶都吹下来，落在地上睡着了，你们喜欢秋天的树叶吗？我们一起把落叶记录下来？

2. 教师出示小手帕和小木槌。

(1)每个幼儿一个白色方形小手帕。

(2)引导要拿小木槌把手的地方，可以用它敲打。

3. 教师示范操作步骤。

(1)选一个白色小手帕放在垫板上。

(2)选喜欢的小树叶拼摆出造型。

(3)用大胶条将树叶固定好。

(4)用小木槌敲打树叶，直至树叶的颜色和形状被拓印到小手帕上。

(5)将透明胶条和树叶揭下来。

温馨提示：这个环节教师的动作一定要慢一点，要引导幼儿一定要使劲敲打树叶的四周和中间，要将树叶的形状和颜色完全拓印到白手绢上。

4. 教师请幼儿操作，初步学习拓印画的方法。

(1)教师出示小木槌，引导幼儿掌握小木槌敲打的方法。

(2)鼓励幼儿选择自己喜欢的树叶，教师将树叶固定到小手帕上。

(3)指导幼儿用小木槌敲打树叶。

(4)指导幼儿把胶条和树叶取下来，把作品放在固定地方晾干。

(5)手脏了用抹布擦擦，再去盥洗室打洗手液洗干净。

5. 将幼儿做好的小手帕装在镜框里，用它装饰环境，也可以让幼儿带回家作为自己的作品。

活动小结

敲打是托班幼儿最喜欢的活动之一，他们喜欢用小木槌不断敲打树叶，并用嘴巴发出"咚咚咚"的声音。教师也可以用"敲敲敲，敲敲边，敲敲敲，敲敲尖"等方式引导幼儿用小木槌敲击整个树叶。特别是当幼儿揭下胶条和树叶，发现小树叶被完全拓印到小手帕时，他们会高兴地叫起来。不过在选择树叶时，教师需要选择新鲜、颜色鲜艳的树叶，这样做出来的小手帕才更加好看。

（滕瑾）

第四周活动案例

活动一：南瓜（认知）

活动目标

1. 通过多种感官认识南瓜。
2. 初步了解南瓜好吃有营养。

活动准备

1. 物质准备：南瓜若干，南瓜切开的图片，南瓜制成食物的图片。
2. 经验准备：能够认出南瓜，班级里有自然角。

活动内容

1. 教师带幼儿到自然角，发现南瓜。

师：今天自然角里多了一些新朋友，我们看看是什么。

2. 教师展示真实的南瓜，引导幼儿观察南瓜的外形。

师：这个大大的是南瓜，这个小小的也是南瓜，看看它们是什么样子的。

（引导幼儿观察并表达南瓜的形状、颜色等。）

3. 教师切开南瓜，分别介绍南瓜的不同部位，请幼儿看一看、摸一摸、闻一闻。

师：我们见到了南瓜外面的样子，想不想知道南瓜里面是什么样子的？现在我们要切开南瓜看看南瓜肚子里面是什么样子的！

师：最外面这个黄色的是南瓜皮，洗干净的时候做熟了可以吃进肚子里。这个黄黄、硬硬的是南瓜的果肉，平时我们吃得最多的就是果肉。里面白色的是南瓜子，就是南瓜的种子，也是可以吃的。

4. 出示图片，分享用南瓜制成的美食。

师：我们在幼儿园也吃过用南瓜做成的粥。我们的生活中还有很多用南瓜做的美食。我们一起看看老师带来了哪些好吃的南瓜美食。

（通过图片引导幼儿回忆南瓜制成的食物有哪些。）

师：南瓜全身都是宝，都能变成好吃的食物，我们一起看看都有哪些南瓜美食？

师：南瓜能让我们长高，眼睛变亮，小朋友们要多吃南瓜哦！

6. 将南瓜投放至教室自然角，请幼儿观察。

活动延伸

南瓜是北方秋季常见的食物，可以鼓励家长在家中与幼儿共同尝试用南瓜制作美食，让幼儿在劳动中进一步认识南瓜，也感受制作美食的乐趣。在自然角里也提供一些小勺子，让幼儿可以用勺子舀南瓜子。

（张凯鸽）

活动二：南瓜拓印（美术）

活动目标

1. 尝试使用海绵拓印。
2. 体验拓印活动的乐趣。

活动准备

1. 物质准备：南瓜实物，自制南瓜镂空模板一份，海绵，颜料，深色卡纸。
2. 经验准备：前期认识并了解南瓜，有用轮廓纸喷画的经验。

活动过程

1. 教师出示南瓜，引导幼儿感知南瓜的特点。

师：今天老师带来了什么？它叫什么？它里面有什么？

师：是的，小南瓜，圆溜溜的，有皮，有瓤，还有子儿。

2. 教师创设情境，激发幼儿兴趣。

师：老师这有一个南瓜藤，但是上面的南瓜都没有了，我们一起把小南瓜变出来吧。我们看看可以怎么变呢。

3. 教师介绍材料，引导幼儿猜想工具的使用方法。

师：今天老师带来了神奇的绘画工具（出示海绵、南瓜轮廓板）。你们认识它们吗？你们看它们像什么。猜猜它们是怎么画画的呢。谁想来试试看？

教师邀请幼儿利用材料进行尝试。

4. 教师示范操作方法。

师：先把袖子挽起来，拿起一个南瓜轮廓板放在深色卡纸上，然后选一块海绵，轻轻地蘸满颜料，然后印在轮廓板镂空的地方，将镂空的地方都印满颜料之后收回海绵，轻轻将南瓜轮廓板取下来，把印好南瓜的纸张放到一边晾干就可以了。

5. 幼儿操作，教师指导。

指导要点：

(1) 提示幼儿在操作之前一定将袖子挽起来，避免颜料弄脏衣服；
(2) 使用海绵蘸取颜料时不用蘸太多，底上蘸匀就可以；
(3) 在用海绵印画的过程中尽量都印在空白的位置上；
(4) 作品完成之后记得将手上的颜料洗干净。

6. 展示作品，自然结束。

师：小朋友们的南瓜真漂亮，你们愿意让你们的南瓜长在老师的南瓜藤上面吗？

老师和幼儿一起将南瓜粘贴到南瓜藤上。

活动小结

海绵对于小朋友们来说不是很常见的材料，既能吸引幼儿的注意力，又方便幼儿操作，拓印出来也会因用力不同而有不一样的效果。小班幼儿绘画水平还处于涂鸦期，涂雅所用的各种不同方式的美术材料，既能吸引幼儿的注意力，也能提升幼儿对美的感受力和创造力。引发幼儿对不同美术工具的探索兴趣。

（张凯鸽）

活动三：泡泡糖（体育）

活动目标

1. 能根据儿歌指令做出相应的动作，提升身体的反应能力。
2. 在教师的指导下，初步尝试与同伴共同游戏的快乐。

活动准备

1. 物质准备：泡泡糖，两张白纸。
2. 经验准备：有听指令做动作的游戏经验。

活动过程

1. 教师出示泡泡糖，引起幼儿兴趣。

师：老师这里有一块泡泡糖，是很神奇的糖果。它不像棒棒糖吃到嘴巴里会融化掉，而是会变得黏糊糊的，把东西牢牢地粘在一起。老师把泡泡糖粘在白纸上，我把另一张白纸放上去，你们看会发生什么。

师：你们看两张纸牢牢地粘在一起了，老师甩啊甩，都甩不掉。

2. 教师讲解游戏玩法。

师：现在老师要变魔法了，在你们每个人身上都放上泡泡糖，泡泡糖听到咒语就粘得紧紧的。仔细听咒语：泡泡糖真淘气，总是粘着小朋友，粘哪里？粘彩虹滑梯。小朋友们就要快速跑到彩虹滑梯旁边身体粘在上面。我们先试着玩一次。

师：泡泡糖真淘气，总是粘着小朋友，粘哪里？粘彩虹滑梯！

另外一位教师配合游戏带着幼儿一起跑到彩虹滑梯。

师：小朋友们真棒呀，都快速跑到了彩虹滑梯旁边，接下来淘气的泡泡糖要粘哪里呢？小耳朵仔细听哦！泡泡糖真淘气，总是粘着小朋友，粘哪里？粘红色的墙壁！快找一找红色的墙！

3. 升级游戏难度，体验合作游戏。

师：小朋友们太厉害了，淘气的泡泡糖又有了新主意，泡泡糖要把小朋友和小朋友粘在一起，听到咒语要赶紧找到一个小朋友和他粘在一起哦。泡泡糖真淘气，总是粘着小朋友，粘哪里？粘手掌！

（引导小朋友小手小手相握，如果有落单的小朋友可以引导他和老师，或者自己的两只手相握。）

师：真棒呀，很多小朋友都找到小朋友粘在一起了。没有找到的小朋友没关系，下次听到咒语后快快找身边的小朋友粘在一起就可以了，我们再来试一试吧！泡泡糖真淘气，总是粘着小朋友，粘哪里？粘后背！快快找到小朋友后背和后背粘在一起。

教师可以根据游戏情况变换身体位置进行游戏。

4. 教师带幼儿深呼吸吹泡泡平复情绪，自然结束游戏。

师：泡泡糖粘粘的魔法用完了，游戏结束啦！小朋友们喜不喜欢和泡泡糖做游戏呀？泡泡糖还可以吹泡泡呢，我们一起拉起手来吹一个大大的泡泡吧。

活动小结

泡泡糖是一个简单又有趣的游戏，无须借助任何器具就能锻炼幼儿的反应能力，还能增进幼儿之间的互动。教师要根据幼儿的情况，除和具体的物品进行黏合外，在幼儿熟练掌握游戏规则之后还可以进行幼儿之间的合作游戏，但一定要注意游戏的部位最好是脚、屁股等不容易发生危险的地方。

（赵玥莹）

活动四：小手爬（音乐）

活动目标

1. 喜欢参与音乐游戏，并跟随音乐做简单动作。
2. 体验音乐游戏的快乐。

活动准备

1. 物质准备：钢琴、音乐伴奏。
2. 经验准备：有做手指游戏的经验。

活动过程

1. 教师带幼儿做发声练习。（通过基本音阶 do re mi fa so，so fa mi re do 进行问答。）

师：小朋友们好。　　幼：×老师您好。

师：小猫怎样叫？　　幼：喵喵喵喵喵。

师：小羊怎样叫？　　幼：咩咩咩咩咩。

2. 教师以游戏的形式引导幼儿理解歌曲内容。

师：一根手指头，变啊变成毛毛虫，爬呀爬呀爬呀爬，一爬爬到头顶上，爬呀爬呀爬呀爬，一爬爬到小脚上。

（教师一边念歌词一边引导幼儿用小手从脚开始慢慢爬上头顶。）

教师可以带着幼儿边说儿歌边做动作，感受歌词和动作之间的关系。

3. 教师清唱歌曲并做动作，帮助幼儿熟悉歌曲旋律。

师：老师把这个儿歌变成了一首歌，我们一起来听一听。

教师边弹琴边唱歌曲，引导幼儿跟着音乐做动作。

（歌曲的动作是用小手从脚爬到头顶，再从头顶爬回小脚上。当教师唱到"头顶上"时小手刚好爬到头顶，当唱到"小脚上"时小手刚好爬到小脚。）

4. 教师弹琴请幼儿跟唱。

师：现在我们一起跟着钢琴来跟唱歌曲，小朋友也可以跟着音乐做动作。

5. 教师播放伴奏，引导幼儿边唱边做动作。

师：小朋友们的毛毛虫爬来爬去真开心。

6. 变换游戏形式。

师：小朋友们的毛毛虫变得淘气了，它要去你身边的小朋友身上爬一爬。

附歌曲：

律动：小手爬

1=C 2/4

| 1 1̂2 | 3 3̂4 | 5 5̂6 | 5 — |

爬 呀 爬 呀 爬 呀 爬，

| 5 5̂6 | 7 6̂5 | 1̇ 1̇ | 1̇ — |

一 爬 爬 到 头 顶 上，

| 1̇ 1̂̇7 | 6 6̂5 | 4 4̂3 | 2 — |

爬 呀 爬 呀 爬 呀 爬，

| 7 7̂6 | 5̂ 5̂4 | 3 2 | 1 0 ‖

一 爬 爬 到 小 脚 上。

活动延伸

教师提问幼儿"毛毛虫除了爬到头顶和小脚上，还能爬到身体的什么地方"，根据幼儿回答创编歌曲再次游戏。

（赵玥莹）

十二月
冬天的味道

月工作计划和周工作计划

十二月工作计划

本月重点		感受冬天的变化，通过体验美食制作活动，品味冬天的味道，了解民俗文化。
发展目标	生活与卫生习惯	1. 认识自己的外套，户外活动时能够尝试自己穿外套。 2. 知道天冷了要加衣服，初步了解一些保暖的简单方法。 3. 知道午睡醒来之后不打扰同伴。
	动作	1. 喜欢冬天的雪，愿意到户外玩，不怕冷。 2. 在跑的游戏中学会控制自己的身体，练习躲避和奔跑。
	语言	1. 尝试用语言表达自己的喜好和发现。 2. 有喜欢的图画书，愿意讲述自己熟悉的内容。
	认知	1. 观察发现冬天周围环境的变化、体验和感受冬天的寒冷。 2. 认识自己的保暖衣服（如手套、帽子、围巾等）。 3. 喜欢用捏、搓、团、压等不同方式玩面团或者彩泥。 4. 能依据大小、颜色、图案特征初步学习配对。
	情感与社会性	1. 了解当地冬季传统美食，丰富相关传统文化。 2. 知道元旦，在教师的引导下感受新年的气氛。
教师指导重点		开展适宜的活动，鼓励幼儿增加冬季运动，保证适量的户外游戏时间和运动强度，提高幼儿的运动兴趣和抗病能力。
家园配合要点		1. 为幼儿穿便于活动的衣服，不穿过膝盖的羽绒服，保证幼儿在寒冷天气也能安全进行户外活动。 2. 鼓励幼儿尝试协助制作冬季传统美食，让幼儿在参与过程中感受食物背后的文化，体验亲子制作食物的乐趣。

十二月第一周工作计划

本周工作目标： 1. 鼓励幼儿按时来园，积极参加户外体育活动。 2. 引导幼儿参与种植大蒜并观察变化。					
	星期一	星期二	星期三	星期四	星期五
教育活动	认知活动：认识大蒜 目标： 1. 认识大蒜，初步了解大蒜的形状和结构特点。 2. 喜欢尝试剥大蒜。	认知活动：种大蒜 目标： 1. 尝试用按、压的方式种植大蒜。 2. 愿意照料大蒜并关注大蒜的生长过程。	美术活动：好吃的糖葫芦 目标： 1. 尝试用彩泥搓球制作糖葫芦。 2. 体验玩彩泥的乐趣。	音乐活动：头发肩膀膝盖脚 目标： 1. 初步尝试指认身体的各部位。 2. 愿意在教师的提示下跟随音乐做动作。	体育活动：好玩的沙包 目标： 1. 初步掌握单手肩前投掷沙包的动作技能，发展协调性和手部力量。 2. 体验玩沙包的趣味性。
生活指导	1. 提醒幼儿吃一口菜吃一口饭，不挑食。 2. 提示幼儿饭后主动擦嘴，并将碗盘和垃圾送到指定位置。				
体育游戏	集体游戏1：揪尾巴 目标： 1. 发展幼儿四散追逐跑的能力。 2. 提高躲闪的技巧和灵敏度。			集体游戏2：我和小球比赛 目标： 1. 有目标地奔跑，初步尝试折返跑。 2. 根据指令做出准确反应。	
家园配合	1. 季节交替，天气干燥，要保证幼儿充足的饮水量，关注幼儿着装的适宜性，并合理安排幼儿的起居。 2. 养成亲子阅读的好习惯。				

十二月第二周工作计划

	星期一	星期二	星期三	星期四	星期五
教育活动	**认知活动**：冬天来了 目标： 1. 观察、感知周围环境中冬天的变化。 2. 知道一些简单的保暖方法。	**认知活动**：小动物戴帽子 目标： 1. 观察、发现大和小的关系，并大胆表达。 2. 尝试依据大小进行配对。	**美术活动**：会魔法的小雪人 目标： 1. 感受油水分离画的乐趣。 2. 乐于尝试用刷子涂抹创作。	**体育活动**：小熊送快递 目标： 1. 能尝试膝盖离地的熊爬地动作。 2. 锻炼四肢的力量。	**音乐活动**：小猪噜噜 目标： 1. 了解小猪的主要特征，能跟着教师做模仿动作。 2. 能跟随音乐合拍地做动作。

本周工作目标：
1. 引导幼儿体验与同伴共同游戏的乐趣。
2. 帮助幼儿学习穿脱外套。

生活指导
1. 引导幼儿将自己的衣物放在自己的柜子里。
2. 在户外活动前后，鼓励幼儿自主穿、脱外套。

体育游戏

集体游戏1：好玩的沙包 目标： 1. 发展幼儿腿部、手部力量。 2. 体验沙包的多种玩法。	集体游戏2：好玩的圆圈圈（复习） 目标： 1. 尝试用多种方法玩圈，感受玩圈的乐趣。 2. 体验和同伴一起玩圈的快乐。

家园配合
1. 鼓励幼儿用完整的语言表达自己的需要。
2. 鼓励幼儿穿、脱开衫，并能在家长的帮助下叠简单的衣物。

十二月第三周工作计划

本周工作目标：
1. 鼓励幼儿在观察、体验中感受冬季的季节特征和变化。
2. 鼓励幼儿不怕冷，喜欢参加户外活动。

	星期一	星期二	星期三	星期四	星期五
教育活动	**美术活动**：包饺子 目标： 1. 在教师的指导下尝试用彩泥包饺子。 2. 初步了解冬至吃饺子的习俗。	**音乐活动**：《小雪花》 1. 初步记忆歌词并学唱歌曲。 2. 尝试模仿教师做雪花飘落的动作。	**认知活动**：好吃的蒜苗 目标： 1. 观察、认识蒜苗，体验种植大蒜的成就感。 2. 简单了解蒜苗的营养价值，愿意尝试吃蒜苗。	**体育活动**：冰棍化了 目标： 1. 在走、跑游戏中能平稳地控制自己的身体。 2. 能初步尝试听指令的动作。	**美术活动**：温暖的手套 目标： 1. 尝试使用美工材料装饰手套，发展创造力。 2. 体验美术创作的乐趣。
生活指导	1. 提醒幼儿有鼻涕时要学会自己擦或请教师帮忙。 2. 引导幼儿按时主动上床独立入睡。					
体育游戏	集体游戏1：大风和树叶 目标： 1. 锻炼走、跑的动作技能。 2. 能听从指令做动作。			集体游戏2：揪尾巴（复习） 目标： 1. 发展幼儿四散追逐跑的能力。 2. 提高躲闪的技巧和灵敏度。		
家园配合	1. 鼓励幼儿参与家庭中包饺子的过程，参与力所能及的劳动。 2. 鼓励幼儿将自己的衣服、物品放到固定位置。				

十二月第四周工作计划

本周工作目标：
1. 引导幼儿参与装饰班级新年环境，感受新年的气氛。
2. 引导幼儿在教师的提示下有意识地增减衣服。

	星期一	星期二	星期三	星期四	星期五
教育活动	**社会活动**：泡腊八蒜 目标： 1. 简单了解"腊八蒜"的由来。 2. 体验剥蒜、泡蒜的乐趣。	**认知活动**：手套找朋友 目标： 1. 知道每对手套都有两只。 2. 初步尝试找到配对的手套。	**语言活动**：太阳和月亮 目标： 1. 愿意尝试跟读儿歌。 2. 感受儿歌的韵律，初步理解儿歌的内容。	**音乐活动**：《新年好》 目标： 1. 初步记忆歌词并学唱歌曲。 2. 在歌唱的过程中，感受新年即将到来的快乐。	**体育活动**：小司机 目标： 1. 能听指令做相应动作，学习躲闪。 2. 喜欢参与体育游戏。
生活指导		1. 引导幼儿逐步独立如厕。 2. 引导幼儿表达自己的冷暖，并有穿、脱衣服的意识。			
体育游戏		集体游戏1：小马跑 目标：听信号向指定的方向走和跑，尝试一前一后交替跑。		集体游戏2：老狼老狼几点了 目标：引导幼儿听指令跑和停，提升注意力和大肌肉的协调能力。	
家园配合	1. 鼓励与幼儿共同了解和感受当地特色小吃、美食和与年相关的民俗文化。 2. 季节交替，天气干燥，要保证幼儿在家的饮水量。				

主题活动案例

腊八蒜是北方的传统小吃,特别是在华北地区,腊八蒜成为家家户户一道节日美食。为了让幼儿在参与的过程中感受民俗文化,了解生活中的文化与习俗,同时在动手操作和亲身体验中感受劳动的快乐与成就感,特开展"腊八蒜"这个主题活动。希望通过一系列活动,让幼儿在观察、种植、动手操作过程中丰富知识,提高动手能力,激发幼儿对中国传统文化的兴趣。主题活动目标与主题网络图(图 4-1)如下。

主题活动目标:

1. 认识大蒜,初步了解大蒜的形状和特点;
2. 乐意参加种植活动,愿意照料大蒜并关注大蒜的生长过程;
3. 尝试用按、压的方式种植大蒜,感受收获的喜悦和成就感;
4. 认识蒜苗,简单了解蒜苗的营养价值;
5. 参与泡制大蒜的全过程,在制作过程中了解传统小吃及文化。

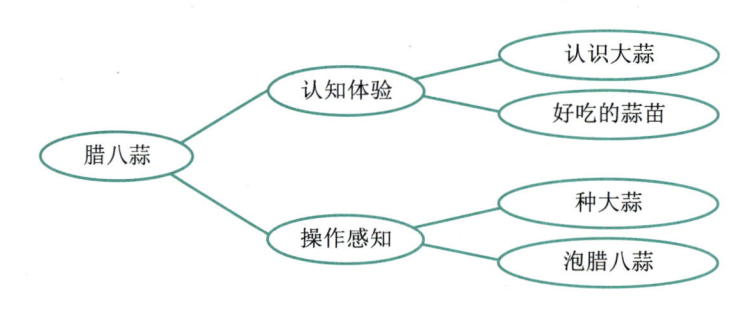

```
                    ┌─ 认知体验 ─┬─ 认识大蒜
                    │            └─ 好吃的蒜苗
         腊八蒜 ────┤
                    │            ┌─ 种大蒜
                    └─ 操作感知 ─┤
                                 └─ 泡腊八蒜
```

图 4-1 主题网络图

每当我们想念家乡时,除了怀念家乡的人和事外,"家的味道"更让我们回味无穷。新年对于年龄尚小的幼儿而言,更多意味着吃,意味着美味。而"年味"的背后不光是美食,更是文化。"腊八蒜"作为北方一种传统小吃,也是一种饮食文化。通过该主题活动,幼儿认识大蒜,在参与剥大蒜、种大蒜、泡大蒜的过程中,充分调动幼儿的多种感官,丰富幼儿对大蒜的认识,也能让幼儿在参与劳动的过程中感受和体验传统文化,将北方传统"年味"在潜移默化中留在每一个幼儿的心田和齿间。

"认识大蒜"——大蒜是常见的蔬菜,有着独特的营养价值和作用,然而大蒜的结构却并不一定是幼儿熟知的。让幼儿通过看、摸、闻充分认识大蒜,也为后续的活动奠定基础。

"种大蒜"——大蒜的种植过程比较简单且易存活,所以是托班幼儿能够参与的种植活动之一。此外大蒜的生长周期很短,种植大蒜能够让幼儿在短时间内观察到大蒜的生长变化,符合托班幼儿的年龄特点。

"好吃的蒜苗"——吃饭是幼儿每日生活中的重要内容之一,每天看着家人做饭的幼儿也对此充满兴趣。托班幼儿能够看到自己种植的蒜苗变成饭桌上的食物，会让他们在获得成就感的同时，了解食物的制作过程，也更乐于与家人一起制作食物、品尝食物。

"泡腊八蒜"——基于前期幼儿对大蒜充分的了解和感知，这一活动会让幼儿在亲自体验制作腊八蒜的过程中感受"腊八蒜"背后的传统文化。

活动一：认识大蒜（认知）

活动目标

1. 认识大蒜，初步了解大蒜的形状和特点。
2. 喜欢尝试剥大蒜。

活动准备

1. 物质准备：幼儿从家里带来大蒜（人手一头）。
2. 经验准备：见过大蒜。

活动内容

1. 教师出示大蒜，引导幼儿观察大蒜的外形。

师：小朋友们，这是什么？你们认识它吗？它是什么颜色的？外表摸起来有什么感觉？

师：完整的大蒜是球形的，有的蒜皮是白色的，有的是淡黄色的，还有的是紫色的。大蒜的外衣摸起来是粗糙的。如果我们用力摸，蒜皮还会掉下来一些。

2. 教师引导幼儿剥大蒜，认识蒜瓣。

师：现在请小朋友们来试着把大蒜的衣服脱掉，剥蒜皮，看一看大蒜里面是什么样子的。它是什么形状的？像什么？

教师以儿歌的方式引导幼儿剥蒜，重点提示剥完蒜的手不要摸眼睛。

师：弟兄五六个，围着圆柱坐；大家一分手，衣服都扯破。

当幼儿剥不下来蒜皮时，可以引导幼儿把蒜泡在水里再剥。

3. 教师引导幼儿通过摸一摸、闻一闻观察蒜瓣。

师：现在请你们来摸一摸蒜瓣，它是什么形状的？像什么？滑滑的还是粗糙的？闻一闻有什么味道？辣不辣？

师：蒜瓣的形状是弯弯的，像月亮一样，捏起来是硬硬的，摸起来是滑滑的。许多蒜瓣围着蒜柱抱在一起，每个蒜瓣都是白色的，一头尖尖的，闻起来辣辣的。

活动延伸

剥大蒜不仅能够锻炼幼儿手指的精细动作，还能在日常家庭做饭时让幼儿有机会参与劳动，增加他们的成就感。因此教师可以鼓励家长让幼儿在家庭中参与剥蒜，此外还可以让幼儿剥鸡蛋、剥豆角等。参与食物制作也是幼儿生活教育的一部分。

（安妮）

活动二：种大蒜（认知）

活动目标

1. 愿意照料大蒜并关注大蒜的生长过程。
2. 尝试用按、压的方式种植大蒜。

活动准备

1. 物质准备：适合种植的大蒜若干，花盆若干，以及适宜的土、洒水壶、种大蒜视频。
2. 经验准备：幼儿认识大蒜。

活动内容

1. 教师播放视频，请幼儿了解大蒜的种植方法。

师：小朋友们，昨天我们一起剥了大蒜，今天我们要来种大蒜，我们先来看一段视频，学习一下怎样种大蒜。

师：你们在视频中看到了什么？种大蒜需要哪些材料？

师：需要土、蒜瓣、花盆、洒水壶。（幼儿自由回答后，教师小结。）

教师示范并讲解种植大蒜的方法。

师：种大蒜首先要选择合适的花盆，把里面装上土。再剥蒜，我们种的蒜是要剥了皮的。

师：现在我们找出蒜瓣的根，把蒜瓣头的根须朝下，尖的一头朝上，用手按到土里，再轻轻地把泥土压在蒜瓣的周围，要记得露出大蒜的小脑袋，最后给蒜瓣浇水。

2. 幼儿分组种植大蒜，教师指导。

指导要点：蒜瓣之间要有一定的距离，可以先用手挖一个小坑，再把大蒜按压到土里，同时要让蒜瓣立住。

师：现在我们的大蒜已经种好了，小朋友们要记得每天去观察大蒜有没有长高，或者有没有新的变化哦。

活动延伸

教师将幼儿种植的大蒜摆放在自然角，并引导幼儿日常多去看看，可以给大蒜浇水。同时教师可以定期把大蒜的生长过程拍下，按照顺序以照片的方式贴在墙上，帮助幼儿了解大蒜的生长过程。

（安妮）

活动三：好吃的蒜苗（认知）

活动目标

1. 观察、认识蒜苗，体验种植大蒜的成就感。
2. 简单了解蒜苗的营养价值，愿意尝试吃蒜苗。

活动准备

1. 物质准备：蒜苗若干。
2. 经验准备：幼儿知道蒜苗是由种植的蒜瓣长出来的。周末亲子小任务——探索蒜苗的一种吃法，以图片方式呈现。

活动内容

1. 教师展示蒜苗，导入活动。

师：小朋友们，这是我们种的大蒜，经过小朋友浇水，已经长成了蒜苗。

教师带领幼儿一起看定期拍下来的大蒜长大的视频或图片。

2. 教师分发蒜苗请幼儿观察。

师：我们一起来认识一下我们的新朋友——蒜苗。现在每个小朋友都会拿到一颗蒜苗，请你仔细观察，蒜苗是什么样子的？什么颜色的？摸上去什么感觉？闻一闻什么味道？

3. 教师结合幼儿带来的图片探究蒜苗的吃法。

师：小朋友们，你们吃过蒜苗了吗？周末老师请你们和爸爸妈妈在家做了蒜苗美食，我们一起来看看蒜苗可以怎么吃。

展示幼儿带来的图片，引导幼儿分享蒜苗的吃法。

师：谁还记得周末是怎么吃的蒜苗？好不好吃？什么味道？

邀请幼儿结合照片进行介绍。

师（小结）：蒜苗可以给菜提味，让菜的味道更加鲜美。蒜苗还能让小朋友少生病，所以小朋友们要多吃蒜苗哦。

活动延伸

可以将班级种植的蒜苗收割后请厨房老师为幼儿加工成菜品请幼儿品尝（能尝到自己种植的蒜苗制作的菜，幼儿一定会很欣喜），也可以让幼儿将种植的蒜苗带回家，和家人一起分享自己的劳动果实。

（安妮）

活动四：泡腊八蒜（社会）

活动目标

1. 简单了解"腊八蒜"的由来。
2. 体验剥蒜、泡蒜的乐趣。

活动准备

1. 物质准备：幼儿人手两头蒜，密封小玻璃瓶，适量的米醋。
2. 经验准备：幼儿前期已有剥蒜经验。

活动内容

1. 教师出示腊八蒜，请幼儿观察，闻一闻，摸一摸。

师：小朋友们，你们知道我拿的是什么吗？你们有没有见到过？看看这个蒜是什么颜色的，闻一闻是什么味道。

师：这是腊八蒜，是由醋泡制的大蒜。在北方，每到腊月初八"腊八节"的时候，家家户户都会泡制腊八蒜。腊八蒜泡好之后就会变成翠绿色，等过年吃饺子的时候一起吃。它可是吃饺子最好的配料哦。

2. 教师示范，请幼儿观看泡制腊八蒜的过程。

师：今天我们一起来泡腊八蒜。现在请小朋友们看看老师是怎样制作腊八蒜的。

（1）蒜头剥去外皮。

（2）把蒜装进一个无油无水的干净玻璃容器中。

（3）往玻璃容器中倒入米醋，米醋淹没蒜。

（4）瓶口处要密封，盖上盖子。

师：蒜泡好了，我们把它放在阴凉的地方七天左右，蒜就会变成翠绿色，那时就可以吃了。

3. 幼儿动手泡制腊八蒜，教师分组指导。

老师边带领幼儿操作边说步骤，也可以按照顺序以照片的方式贴在墙上，帮助幼儿了解泡制腊八蒜的过程。

师：现在小朋友们要泡制自己的腊八蒜。请小朋友们自己动手剥蒜，把蒜剥好后放进自己的小瓶子里，一会儿我们统一来倒醋。

重点提示剥完蒜的手不要摸眼睛。

活动延伸

教师将腊八蒜放在阴凉处，在过渡环节的时候请幼儿自由观察。教师可以用拍照的方式记录腊八蒜的变化过程，制作观察记录，请幼儿欣赏。此外也可以请家长与幼儿共同搜集关于腊八蒜的小故事，将相关的资料带到幼儿园分享。

（安妮）

第一周活动案例

活动一：好吃的糖葫芦（美术）

活动目标

1. 尝试用彩泥搓球，制作糖葫芦。

2. 体验玩彩泥的乐趣。

活动准备

1. 物质准备：《冰糖葫芦》歌曲、真的糖葫芦、用彩泥做好的糖葫芦样品、红色的彩泥、圆头的竹签。

2. 经验准备：见过糖葫芦。

活动过程

1. 教师展示真的糖葫芦，让幼儿了解糖葫芦是什么形状、什么颜色的。

师：酸酸甜甜的糖葫芦小朋友们都爱吃，糖葫芦是什么样子、什么颜色的呢？你们想不想自己也做一个糖葫芦呢？

师：糖葫芦是用红红的、圆圆的山楂串在一起做成的。

2. 教师出示成品——用彩泥做的糖葫芦，让幼儿摸一摸，感受糖葫芦的形状特点。

师：老师用彩泥做的糖葫芦和真的糖葫芦一样吗？哪里一样呢？

师：我们用彩泥做的糖葫芦也是圆圆的、红红的。

3. 教师介绍材料并示范制作方法。

师：我们做糖葫芦需要用到红色的彩泥和小竹签。

师：红红的山楂我们可以用红色的彩泥，老师给小朋友们准备了一些彩泥。小朋友们可以揪一小块，将两个手心相对，把红色的彩泥放在手心，转着圈搓一搓，把彩泥搓成一个小球，红红的山楂就做好了。接着我们要用小竹签将这个小圆球串起来，注意要用竹签的圆头去穿圆球。

4. 教师分组请幼儿进行操作，并巡回指导。

教师要重点关注幼儿使用竹签过程中的安全事项。

5. 教师引导幼儿讨论不同口味的糖葫芦。

师：刚才我们做了山楂口味的糖葫芦，是红的。那么除了山楂口味的糖葫芦，你们还想做什么口味的呢？紫色的可以做葡萄，橙色的可以做橘子，小朋友们可以再做一些自己喜欢的口味的糖葫芦。

活动延伸

制作糖葫芦的材料可以投放至区域中让幼儿自主选择，为幼儿提供一些范例图片，让幼儿自己尝试将彩泥"团圆"的技能。要为幼儿提供展示作品的区域。例如，可以为幼儿举办糖葫芦展，扎在糖葫芦杆上，或展示在墙面上。

（金可欣）

活动二：头发肩膀膝盖脚（音乐）

活动目标

1. 初步尝试指认身体的各部位。
2. 愿意在教师的提示下跟随音乐做动作。

活动准备

1. 物质准备：音乐《头发肩膀膝盖脚》。
2. 经验准备：幼儿对自己身体部位有了解。

活动过程

1. 教师引导幼儿听指令指认自己的身体部位。

师：小朋友们，今天我们要跟身体做游戏。我来说你来做，看看哪个小朋友的身体最灵活！"摸头发""摸肩膀""摸膝盖""摸摸脚"。

（教师发出指令，请幼儿做动作，根据幼儿表现教师可以给予提示。）

2. 教师播放音乐，展示动作。

师：小朋友们真棒，都认识了自己的身体。今天老师带来一首关于身体的歌曲，我们一起来听一听。

播放音乐，教师边唱歌曲边按照歌词做动作。

3. 教师引导幼儿一起跟随音乐做动作。

师：喜欢这首歌曲吗？跟着老师一起来学一学吧！

（教师唱歌，掌握速度由慢到快，引导幼儿跟唱并做动作。）

待幼儿熟悉歌曲之后，跟着音乐做动作。

活动延伸

在幼儿对自己身体部位熟悉的基础上，教师可以创编儿歌，引导幼儿根据指令做动作，如"摸摸你的鼻子""拍拍你的肚子""扭扭你的屁股"等，引导幼儿在游戏中熟悉身体各部位的名称。

（金菁）

第二周活动案例

活动一：冬天来了（认知）

活动目标

1. 观察、感知周围环境中冬天的变化。
2. 知道一些简单的保暖方法。

活动准备

1. 物质准备：冬天幼儿园的雪景及幼儿玩雪的照片。
2. 经验准备：能初步感知冷暖。

活动过程

1. 教师出示幼儿园冬天的照片，导入活动。

师：小朋友们认识这是哪里吗？幼儿园有哪些变化。（引导幼儿观察发现操场上、玩具上、树上、房顶上都是雪。）

2. 教师出示幼儿玩雪的照片，引导幼儿观察思考。

师：照片上的哥哥姐姐在干什么？他们穿的什么衣服，戴着什么？为什么要穿这么多衣服呢？

教师鼓励幼儿大胆说出自己的想法。

小结：冬天来了，天气变得很冷，所以我们要穿上厚厚的羽绒服，戴上帽子、手套、围巾还有口罩。

3. 教师进一步提问，引发幼儿思考。

师：我们的教室里为什么是暖暖的呢？除了穿上厚厚的衣服还有什么办法可以变暖和呢？

（启发幼儿交流和思考并大胆发言。）

小结：我们的教室里有热的暖气，还有空调可以吹出热风。我们出去活动的时候要多跳一跳、跑一跑就不冷了。

活动延伸

在下雪的天气，教师可以带领幼儿观察周围环境的变化，摸一摸、玩一玩雪，感受口中呼出的白气等，让幼儿体验和感受冬天的寒冷。

（金菁）

活动二：小动物戴帽子（认知）

活动目标

1. 观察发现大和小的关系并大胆表达。
2. 尝试依据大小进行配对。

活动准备

1. 物质准备：大小不同的帽子、手套、围巾图片若干组，大小不同的熊、兔子、猫、狗图片若干组。
2. 经验准备：幼儿认识帽子、围巾、手套。

活动过程

1. 教师出示大小帽子，引发幼儿兴趣。

师：今天老师带来了两顶帽子，一项是老师戴的，一项是小朋友戴的。你们猜一猜哪项是老师戴的，哪项是小朋友戴的。

请幼儿说明自己的理由，引导幼儿发现大人戴大帽子，小孩小帽子。

2. 讲述故事，教师示范大小配对。

师：今天天气好冷呀，小动物们都想要戴上帽子、围巾，还有手套。可是它们的东西都放乱了，需要小朋友们帮忙分一分。

教师利用大、小熊，大、小帽子，手套，围巾图片，示范配对方法。

师：我是小熊，我要戴上小帽子、小围巾和小手套。

师：我是大熊，我要戴上大帽子、大围巾和大手套。

（可以用提问的方式请幼儿说一说、指一指每个物品中哪个是大的，哪个是小的。）

3. 教师分发材料，请幼儿尝试进行配对。

为每个幼儿随机发一组物品（大小不同的一组帽子、围巾和手套，大小不同的一组动物），引导幼儿观察并区分手中物品的大小，进行正确配对。

师：现在我要请小朋友给你手里的小动物戴上帽子、围巾和手套了，哪边是大帽子、围巾和手套？哪边是小帽子、围巾和手套？

指导要点：引导幼儿观察手中图片大小并能准确表达，如"这是大帽子，大帽子给大熊"，并能根据大小正确配对。

师：今天我们给小动物们找到了合适的帽子、围巾和手套，小朋友们出门的时候也要戴帽子、围巾和手套哦！这样就不会冷了！

活动延伸

教师可以将相关的材料投放至区域中，请幼儿在区域活动时进行配对游戏，也可以鼓励家长在家中引导幼儿找一找大和小的物品并进行配对，如爸爸穿大鞋子，幼儿穿小鞋子；妈妈用大枕头，幼儿用小枕头等。在生活中让幼儿巩固对大小的认知。

（苗晶）

活动三：会魔法的小雪人（美术）

活动目标

1. 感受油水分离画的乐趣。
2. 乐于尝试用刷子涂抹创作。

活动准备

1. 物质准备：用油画棒画好雪人的白色图纸、水粉颜料、笔刷、垫板、套袖、潮湿抹布等。
2. 经验准备：见过雪，有堆雪人的经验。

活动过程

1. 教师出示用油画棒画好雪人的白色图纸，请幼儿观察。

师：今天老师给小朋友们带来了一幅图画，看看上面有什么。

2. 教师展示游戏"变魔术"，感受油水分离画的奇妙现象，引发幼儿兴趣。

师：小朋友们说纸上什么也没有，但是老师会变魔术，会把白白的纸变出图案来，小朋友们仔细看我会怎样做。

师：我们需要用笔刷蘸上喜欢的水粉颜料，不要太多，刷子不滴颜料就可以。在白色的画纸上轻轻涂一遍，哇，一个小雪人就出来啦！

师：老师有一个小秘密，就是提前用白色油画棒在白纸上画了小雪人，所以涂色之后才会出现小雪人，你们也来试一试吧！

3. 教师请幼儿作画，并分别指导。

指导要点：

(1)提示幼儿每次蘸取颜料不要过多；
(2)每一个空白地方都涂到。

4. 教师引导幼儿欣赏作品。

活动延伸

教师可将油水分离画的材料投放至区域中，为幼儿提供油画棒。能力强的幼儿可以自己画图案进行创作，能力弱的幼儿可以用教师画好的图样。

（雷江燕）

活动四：小熊送快递(体育)

活动目标

1. 能尝试熊爬的动作。
2. 锻炼四肢力量。

活动准备

1. 物质准备：挂带、小袋子、小玩具等若干（组装成可挂脖子上的物品袋），小熊头饰每人一个。
2. 经验准备：有过爬行的经验，了解快递员的工作。

活动过程

1. 教师设计情境，引出活动主题——小熊送快递。

师：大象叔叔的快递车撞车了，我们是勇敢的小熊快递团队，要帮助大象叔叔把快递送走。

2. 教师示范模仿熊爬行，引导幼儿模仿。

师：小熊们紧急出动，要先活动一下身体。（带领幼儿做热身活动。）

师：一会儿我们要变成小熊爬着去送快递哦。我们的膝盖离开地面，只用手和脚在地上移动。

3. 教师请幼儿运送物品袋至指定地点。

师：好了，我们要出发去运送快递了！要注意抬头看前面哦，不然我们自己也要撞车啦。我们要把快递送到小鹿姐姐那里哦。小鹿姐姐（教师扮演）在招手等着我们呢。

指导要点：提示幼儿一定要抬头向前看，掌握方向及避免冲撞。对于身体协调能力较弱的幼儿，教师可跟在旁边请他一同模仿，也请其他幼儿为他加油。教师要提前设计好起点与终点，清除路上障碍。在整个游戏中，快递货物要准备充分，足以让全体幼儿运动若干次。

4. 教师鼓励幼儿礼貌问答，结束游戏。

师：我们送快递时要和小鹿姐姐说"您好，这是您的快递"，要有礼貌，这样小鹿姐姐就会更开心了。小熊快递团队的工作完成后，我们爬回到大象叔叔那里说"我们帮忙送完啦"，大象叔叔一定会很开心。

师：勇敢的小熊快递团队太棒了！给我们自己鼓掌吧！

活动延伸

接收快递已成为我们生活中的一部分，幼儿也经常会看到家人收快递的场景。将幼儿熟悉的生活场景迁移至游戏之中深受幼儿喜爱，而情景化的游戏也更符合托班幼儿的年龄特点。教师可以在此情景下延伸不同的活动，如让幼儿骑小车送快递、过障碍送快递等。

（黄季龙）

第三周活动案例

活动一：包饺子（美术）

活动目标

1. 在教师的指导下尝试用彩泥包饺子。
2. 初步了解冬至吃饺子的习俗。

活动准备

1. 物质准备：不同颜色的彩泥若干，用于装饺子的盘子等容器若干。
2. 经验准备：幼儿有和家人包饺子的经验。

活动过程

1. 教师结合幼儿吃饺子的经验引入活动。

师：小朋友们你们喜欢吃饺子吗？我们在幼儿园经常会吃饺子，你们还记得幼儿园的饺子是什么形状吗？今天是冬至，家家户户都要吃饺子，吃了饺子我们的耳朵才不会被冻掉哦。

2. 教师边说边示范包饺子的步骤。

师：今天我们要用彩泥来包饺子。首先要取一小块彩泥搓成一个小圆球，也就是饺子馅；其次再取一块大一点的彩泥搓成一个大圆球，用我们的手掌把这个大圆球压成一个圆圆的饺子皮；最后把饺子馅放在饺子皮中间，把饺子皮对折，然后把饺子皮的边捏起来一个饺子就做好啦！我们的馅不能太多，不然饺子就包不住啦，饺子皮的边一定要捏紧了，不然饺子煮到锅里就要露馅了。

3. 教师分组指导幼儿包饺子。

（1）请幼儿自主选择喜欢的颜色包饺子。

（2）教师观察幼儿操作，重点指导搓球和捏饺子的步骤。

（3）教师利用语言鼓励幼儿多尝试。例如，"我来装饺子啦！谁的饺子包好啦，谁能再给我包一个饺子啊！"

（4）过程中教师通过提问鼓励幼儿交流和分享。例如，"你的饺子是什么馅的？你的饺子像什么一样？"

活动延伸

教师可以引导家长在家庭中支持幼儿参与和尝试包饺子，体验亲子活动的乐趣，同时知道饺子是我国北方的传统美食，进一步了解饺子背后的文化。

（金菁）

活动二：《小雪花》(音乐)

活动目标

1. 初步记忆歌词并学唱歌曲。
2. 尝试模仿教师做雪花飘落的动作。

活动准备

1. 物质准备：音乐《小雪花》，冬天的雪景图片，雪花图片。
2. 经验准备：观察过下雪天。

活动过程

1. 教师带领幼儿做发声练习。

1 2　3 4　5，　5　4　3 2　1
小朋 友们 好，×老　师 您 好。

2. 教师出示雪景图片和雪花图片，请幼儿观察雪花的样子。

师：小朋友们见过雪花吗？小雪花是什么样子的？摸起来是什么感觉呢？

3. 教师根据歌词引导幼儿说出雪花可以飞到哪里。

师：小雪花飘在天上像什么呢？(像朵花。)小雪花飘到窗上变成什么了呢？(变成窗花。)

4. 教师播放歌曲，请幼儿欣赏并熟悉歌词的内容。

师：小雪花飞到了小朋友的手上之后，小雪花去哪儿了呢？(不见啦。)

5. 教师完整唱一遍歌曲，幼儿跟唱。(1~2遍。)

6. 教师带领幼儿完整唱一遍歌曲，并加上动作表现小雪花飘落的样子。

活动延伸

在幼儿熟练掌握歌曲之后，教师可以通过提问启发幼儿进行歌词改编，将不同的答案替换到歌曲中，并请幼儿来唱。

(金可欣)

活动三：冰棍化了(体育)

活动目标

1. 在走、跑游戏中能平稳地控制自己的身体。
2. 能初步尝试听指令做动作。

活动准备

1. 物质准备：开阔的场地。
2. 经验准备：知道冬天会结冰。

活动过程

1. 教师组织热身，引入主题。

师：小朋友们好，我们一起做准备活动让身体热起来。

小手小手搓搓，小脸小脸摸摸，小腰小腰扭扭，小脚小脚踩踩。

2. 教师说口令，幼儿做相应动作。

师：小朋友们，小耳朵特别灵，能听清楚老师的指令。它还有个更厉害的本领就是能控制自己的身体。当老师说走的时候，小朋友们要轻轻地走。当老师说跑的时候，小朋友们就要在场地上跑起来。我们来试试看。

师：小朋友反应太快啦！我们玩一个更有趣的游戏。

3. 教师讲解游戏规则并带领幼儿进行游戏。

师：现在老师要变成北风婆婆了。老师说结冰了，小朋友们就要停在原地一动不动，因为你们被我冻成冰棍了。当听到冰棍化了，小朋友们就可以在场地上跑起来了。跑的时候要注意保护自己，也别撞到其他小朋友，也不能跑太远哦。

（反复游戏，教师根据幼儿游戏情况总结经验，提示注意事项。）

4. 带领幼儿做放松活动，自然结束游戏。

师：好玩的游戏结束啦，我们一起"吹气球"，看谁的"气球"吹得最大。（教师带领幼儿吸气、呼气，做放松练习。）

（赵玥莹）

第四周活动案例

活动一：手套找朋友（认知）

活动目标

1. 知道每对手套都有两只。
2. 初步尝试找到配对的手套。

活动准备

1. 物质准备：不同图案、颜色的手套3对；每个幼儿带一对手套，教师提前将每对手套分成两只分别放在不同的筐里。
2. 经验准备：知道手套是成对的。

活动过程

1. 教师展示一对手套请幼儿观察。

师：冬天来了，老师的手好冷啊，今天我买了一对新手套，请小朋友们看看这对手套一共有几只？它们哪里是一样的？

教师引导幼儿观察手套的颜色、图案并大胆表达。

小结：每一对手套都有两只，左手戴一只，右手戴一只。而且每一对手套的颜色、图案都是一样的。

2. 教师出示不同的3对手套请幼儿尝试配对。

师：我这里有几只手套，它们找不到自己的好朋友了，谁能来帮帮它们？

十二月：冬天的味道

教师指导幼儿进行配对，并说一说配对的两只手套都是什么颜色，什么图案，是否一样。

3. 教师出示放在不同筐里的幼儿手套，请幼儿找到自己的手套并配对。

师：今天早上小朋友们也都戴着自己的手套来到了幼儿园，可是现在手套有点放乱了，请你找一找自己的手套，把它配成一对吧！

教师请配好的幼儿说一说自己的手套是什么颜色、什么图案，两只手套是否一样。

活动延伸

教师可以在区域材料中准备一些不同颜色、图案的手套、袜子等图片或者实物，请幼儿进行配对。

（金菁）

活动二：太阳和月亮（语言）

活动目标

1. 愿意尝试跟读儿歌。
2. 感受儿歌的韵律，初步理解儿歌的内容。

活动准备

1. 物质准备：儿歌相关图片若干。
2. 经验准备：前期有欣赏儿歌的经验。

活动内容

1. 教师出示太阳和月亮图片。

师：小朋友们看一看，今天谁来咱们班做客了？对了，就是太阳和月亮。太阳和月亮分别在一天里的什么时候出现呢？

师：太阳出来就代表着白天，小朋友们准备起床来到幼儿园；月亮出来就代表夜晚，小朋友们要睡觉。（教师可以引导幼儿一起用动作表现起床和睡觉的样子。）

2. 教师出示第一张图片，引导幼儿观察。

师：太阳出来了，谁醒了？

师：太阳出来了，小鸟醒来了，小花醒来了，小朋友醒来了，白天真热闹。

3. 教师出示第二张图片，引导幼儿观察。

师：月亮出来了，谁睡着了？

师：月亮出来了，小鸟睡着了，小花睡着了，小朋友睡着了，夜晚静悄悄。

4. 教师播放儿歌，请幼儿完整欣赏儿歌。

师：现在请小朋友们跟着太阳和月亮一起说说这个儿歌吧。

引导幼儿跟随教师边说边做动作，重点感受真热闹和静悄悄的不同。

5. 教师根据幼儿能力水平改编儿歌。

师：小朋友们想一想，太阳出来的时候，除了小花、小鸟、小朋友还有谁醒了呢？月亮出来的时候，还有谁睡着了？

教师根据幼儿的回答改编儿歌，并引导幼儿讲述和表演。

活动延伸

教师可以设计一个白天和夜晚的场景，并准备太阳、月亮、小鸟、小花、小朋友的头饰，录制音频。幼儿可以在区域活动时在表演区根据音频进行表演，加深对儿歌的理解。

（张凯鸽）

活动三：《新年好》（音乐）

活动目标

1. 初步记忆歌词并学唱歌曲。
2. 在歌唱的过程中，感受新年即将到来的快乐。

活动准备

1. 物质准备：音乐《新年好》，关于以前新年活动的视频。
2. 经验准备：班级已布置新年环境。

活动过程

1. 教师带领幼儿做发声练习。

1 2　3 4　5，　5 4　　3 2　1
小朋　友们　好，×老　　师您　好。

2. 教师播放视频，引入新年活动。

师：视频里的哥哥姐姐在干什么？他们都说了什么？

师：新年快到了，小朋友们都在庆祝新年。他们一起唱歌，一起跳舞，祝贺大家新年好。今天我们也来学习一首新歌，名字叫《新年好》。

3. 完整欣赏歌曲，熟悉歌曲旋律，理解歌曲内容。

师：刚才老师唱了什么？他们是怎样庆祝新年的？

4. 教师播放歌曲，引导幼儿跟唱歌曲。

师：我们一起来唱一唱这首歌曲吧。

师幼边听音乐边按节拍朗诵歌词，帮助幼儿熟悉歌词。

教师带领幼儿用愉悦的情绪演唱歌曲。

教师边做动作边演唱，幼儿模仿教师做动作。

5. 教师与幼儿谈论新年，结束活动。

师：除了唱歌、跳舞，我们还可以用什么方法来庆祝新年呢？新年的时候，我们应该对爸爸妈妈说什么呢？

活动延伸

引导幼儿在教师的指导下参与装饰教室环境，感受新年即将到来的热闹气氛。

（阳小云）

一月

欢欢喜喜过大年

月工作计划和周工作计划

一月工作计划

本月重点		感受新年的节日氛围，初步了解中国传统年的文化和习俗。
发展目标	生活与卫生习惯	1. 尝试与成人、同伴一起收拾玩具。 2. 尝试学习自己扣扣子、拉拉链。 3. 会脱鞋，并能尝试自己穿鞋。
	动作	1. 会向上带动身体跳跃，并伸手触摸悬挂的物体。 2. 能够在高度适宜的器械上攀爬、行走、跨越、钻爬。 3. 喜欢表演熟悉的歌曲、律动和舞蹈，动作协调。
	语言	1. 学说简单的新年吉祥话。 2. 愿意表达、交流自己的感受。
	认知与感受	1. 愿意尝试不同材料进行撕贴、印画。 2. 能跟着熟悉的音乐拍节奏、做动作。
	情感与社会性	1. 初步了解新年习俗，感受和体验中国传统文化。 2. 在教师的鼓励下愿意和同伴一起在联欢会上表演。 3. 愿意参与亲子活动，乐于品尝新年食物，并表达自己的喜好。
教师指导重点		积极创设环境，营造新年氛围，重点引导幼儿在观察、操作、体验中感受传统中国年的文化和习俗。
家园配合要点		1. 积极参与园所组织的亲子活动，引导幼儿在活动中感受与家人一起游戏的乐趣。 2. 引导幼儿在家中感受有关传统中国年的文化和习俗。

一月第一周工作计划

本周工作目标：
1. 引导幼儿制作拉花等新年装饰物，鼓励幼儿参与班级新年环境的创设。
2. 提供大量与新年相关的音乐、童谣、图画书等，丰富幼儿对于新年的感知。

	星期一	星期二	星期三	星期四	星期五
教育活动	**美工活动**：漂亮的拉花 目标： 1. 在教师的指导下尝试粘贴拉花。 2. 体验与同伴共同制作拉花装饰班级环境的成就感。	**科学活动**：冻冰花 目标： 1. 愿意动手参与冻水花的活动。 2. 初步了解水遇冷会结冰的现象。	**体育活动**：小动物来赛跑 目标： 1. 能够听懂口令并模仿小动物走路，发展幼儿的身体协调性。 2. 喜欢与教师和同伴一起参加体育游戏。	**社会活动**：新年到 目标： 1. 回顾新年活动内容，感受参与新年活动的乐趣。 2. 在照片的对比中体验长大一岁的自豪感。	**语言活动**：《小孩小孩你别馋》 目标： 1. 愿意跟读童谣。 2. 了解简单的中国年文化。
生活指导	1. 鼓励幼儿口渴时能主动取水杯喝水。 2. 引导幼儿不挑食，能自主进餐。				
体育游戏	集体游戏1：小老鼠满地跑 目标： 1. 练习向指定方向跑。 2. 体验体育游戏带来的快乐。			集体游戏2：抛彩球 1. 尝试用力向上抛，锻炼上肢力量。 2. 喜欢与同伴一起游戏。	
家园配合	1. 幼儿开始熟悉幼儿园，但情绪偶有反复，建议家长及时和教师沟通，并坚持送幼儿来园。 2. 鼓励幼儿在家用水杯喝水，口渴时能主动表达。 3. 鼓励幼儿在家自己吃饭不用成人喂。				

一月第二周工作计划

本周工作目标： 1. 引导幼儿观察班级、幼儿园的环境变化，感受新年来临的热闹和喜庆。 2. 鼓励幼儿大胆表达自己的所见、所感。					
	星期一	星期二	星期三	星期四	星期五
教育活动	语言活动：新年吉祥话 目标： 1. 感受新年快乐的气氛，了解新年拜年的习俗。 2. 学说简单的新年吉祥话。	社会活动：红红的新年 目标： 1. 在参观幼儿园新年环境的过程中感受喜庆气氛。 2. 知道红色是新年最常见的颜色，代表着喜庆与祝福。	美工活动：美丽的烟花 目标： 1. 初步感受烟花的形状和颜色特点，喜欢欣赏烟花绽放的美。 2. 尝试用毛根儿印画的方式表现烟花。	体育活动：动物木头人 目标： 1. 能够听指令模仿教师的动作。 2. 感受参与游戏的乐趣。	美工活动：做鞭炮 目标： 1. 认识观察鞭炮的外形特征。 2. 学习用卷、粘的方法制作鞭炮。
生活指导	1. 户外前后，幼儿能找到自己的柜子，尝试自己穿、脱外衣。 2. 鼓励幼儿自主进餐，餐后能将碗盘放到指定位置，体验自我服务的成就感。				
体育游戏	集体游戏1：猫和老鼠 目标： 1. 理解并遵守游戏规则，听信号能即时做反应。 2. 喜欢与同伴做游戏。		集体游戏2：小兔采蘑菇 目标： 1. 练习双脚连续跳和钻的动作。 2. 乐于参与体育游戏。		
家园配合	1. 天气温差大，请家长关注幼儿衣服的适宜性。 2. 坚持带幼儿适度参与户外活动，帮助幼儿适应冬季的气候，增强体质。				

一月第三周工作计划

本周工作目标：
1. 提前做好家园沟通，为家长介绍新年系列活动的目标及内容，取得家长支持配合，开展相关亲子活动。
2. 将幼儿熟悉的歌曲、律动进行编排，为新年联欢会的表演做准备。

	星期一	星期二	星期三	星期四	星期五
教育活动	社会活动：扫房子 目标： 1. 跟随童谣《扫房子》做力所能及的劳动。 2. 在劳动中初步感受新年除尘迎新的习俗。	社会活动：舞龙 目标： 1. 初步了解我国民间传统习俗舞龙，对民俗文化感兴趣。 2. 愿意在教师的引导下初步体验舞龙活动。	社会活动：亲子包汤圆 目标： 1. 初步了解元宵节的习俗，在家长的协助下尝试包汤圆。 2. 感受亲子活动的乐趣。	音乐活动：舞红绸 目标： 1. 能在音乐的伴随下自由舞动红绸。 2. 感受新年到来的喜庆和欢乐气氛。	社会活动：亲子新年联欢会 目标： 1. 能在成人的鼓励下表演节目，参与亲子游戏。 2. 感受与家人、老师、同伴一起联欢的快乐。
生活指导	1. 引导幼儿学习自主穿外衣，并尝试将拉链对齐后找教师帮忙拉拉链。 2. 能自主如厕，大便后能主动请教师帮助清洁。					
体育游戏	集体游戏1：好玩的沙包（复习游戏） 目标： 1. 发展幼儿腿部、手部力量。 2. 体验沙包的多种玩法。			集体游戏2：冰块融化了 目标： 1. 锻炼反应能力和身体协调能力。 2. 体验参与体育游戏的乐趣。		
家园配合	1. 家长可以带着幼儿参与新年采购，让幼儿感受新年的氛围。 2. 鼓励幼儿不怕冷，多活动，积极锻炼身体。					

主题活动案例

随着新年的到来，本学期也接近尾声，如何让托班幼儿在了解新年的同时，真正将中国传统年的民俗和文化融入生活？我们的经验是用幼儿听得懂、看得见的活动展示中国传统文化。基于托班幼儿的年龄特点，我们尝试以中国元素、中国味道、家园共庆为关键词，通过系列活动的感知、操作，引领幼儿体验新年，丰富幼儿的文化感知，同时也鼓励家长参与，力求实现家园和文化的同频共振。主题活动目标与主题网络图（图5-1）如下。

主题活动目标：

1. 简单了解与春节相关的习俗，乐于参与传统民俗活动；
2. 感受节日的热闹气氛，愿意与家长一起参与亲子活动。

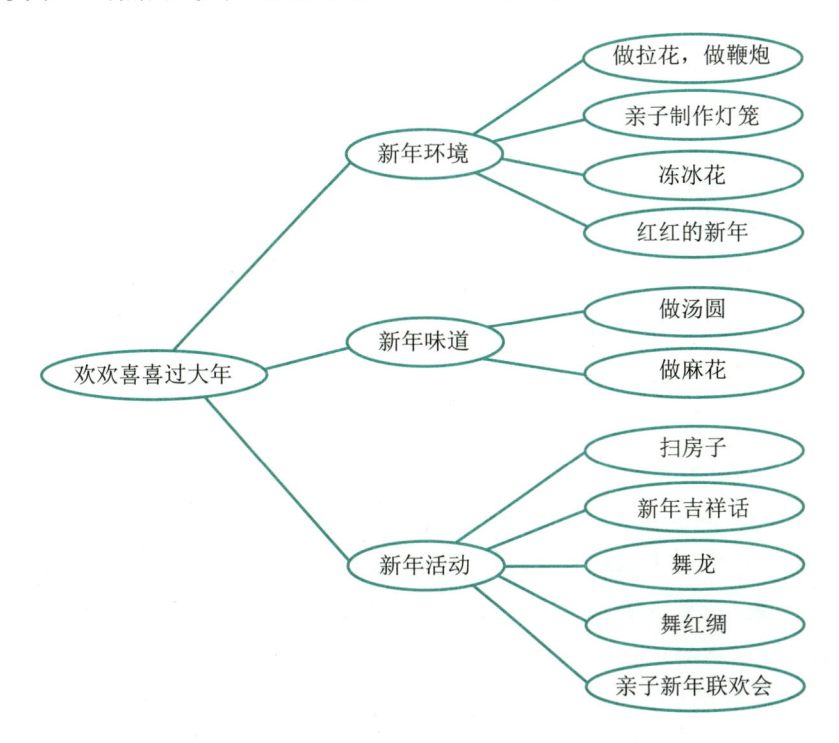

```
                      ┌─ 做拉花，做鞭炮
              新年环境 ┼─ 亲子制作灯笼
                      ├─ 冻冰花
                      └─ 红红的新年

欢欢喜喜过大年 ─ 新年味道 ┬─ 做汤圆
                        └─ 做麻花

                      ┌─ 扫房子
                      ├─ 新年吉祥话
              新年活动 ┼─ 舞龙
                      ├─ 舞红绸
                      └─ 亲子新年联欢会
```

图 5-1　主题网络图

在中国，传统的新年对每一个中国人都有着特殊的意义，也是全年最重要的节日，蕴含了中华民族丰富的文化元素，并成为人们团圆、祝福、感恩、希望与成长的代名词。因为传统新年的时间大多在1月底2月初，临近放假的时间，因此将农历新年的习俗提前让幼儿感知。本主题活动主要从新年环境、新年味道、新年活动三个方面出发，让幼儿借助视觉、味觉、听觉、运动觉等全方位感知新年，让幼儿通过一个个具体的活动，在参与环境创设、品味传统美食、体验新年活动的过程中爱上新年、爱上中华优秀传统文化。

新年环境——红色是我国传统年味的主色调，代表着喜庆、热闹和红火。为了让幼儿感受新年的氛围，教师用中国红将园所环境装扮一新，并让幼儿参与到环境的创设中，一方面可以锻炼他们的动手能力，另一方面也可以增强他们的归属感和参与感。同时，在新年环境的筹备中，我们也充分发挥家长资源，通过亲子制作灯笼、亲子包汤圆、亲子联欢等活动，调动家长参与幼儿园新年活动的积极性，让孩子们在亲子活动中体会浓浓的年味儿。

附：亲子制作灯笼倡议书

亲爱的家长们：

新的一年即将来到，幼儿园将陆续开展丰富多彩的新年系列活动。同时，为营造新年喜庆氛围，我们倡议亲子制作灯笼，让幼儿感受中国传统节日文化和灯笼文化。

【制作要求】

1. 样式：(1) 可以是中国传统灯笼种类，如宫灯、纱灯、吊灯、走马灯等；

(2) 可以是用废旧材料制作的创意灯笼、生肖灯等。

2. 装饰方式：可采用中国传统剪纸、水墨画、拓印、书法等方式进行装饰。

3. 大小：灯体长、宽、高均在20厘米以上（不含灯穗和挂绳）。

4. 制作过程建议：选择几种灯笼图片，询问孩子喜欢的样式，准备材料，父母陪伴孩子制作。通过让孩子协助做力所能及的事情、和孩子进行简单的互动和交流、共同回顾欣赏过程性照片以及与成品的合影，共享亲子制作的乐趣。

【温馨提示】

1. 在中国的年文化中，团圆、亲情是新年最为重要的文化要素，而在亲子活动过程中，让孩子在团圆的氛围中和爸爸妈妈一起制作灯笼，不仅能让孩子更好地了解灯笼的含义，而且能让孩子更好地感受亲情、感知团圆。

2. 不建议购买现成材料，可购买半成品，希望家长能把活动当作共享亲子时光、共迎新年佳节的有意义的活动，重参与、重过程，通过制作传递文化，感受亲情。

3. 由于灯笼需要悬挂在室外，建议大家一定做结实，且材料不宜过重。

4. 可以将过程性照片提供给班级教师，以便教师组织进一步的分享活动。

5. 与成品的合影可以作为灯笼装饰的一部分，如果没有合影，要在灯笼上体现制作者，让每一个小作者的辛苦付出都能被看到。

【上交时间】×月×日

谢谢各位家长理解和积极配合！

新年味道——"吃"是幼儿最喜欢的事情之一，也是幼儿对节日最深刻的印象。美食的背后不仅是浓浓的年味儿，也蕴藏着深厚的饮食文化。教师可以引导幼儿在了解春节美食的基础上用彩泥等材料制作美食，也可以邀请家长来园参与真正的美食制作活动，让幼儿全方位感受年的味道。

新年活动——新年活动可以在班级内开展，也可以在年级共同开展。"扫房子"是蕴含在经典童谣里的传统习俗，让幼儿在幼儿园亲身感受"扫房子"的习俗，做力所能及的收整工作，既能提升幼儿自我服务能力，也能让他们在感受劳动的快乐之余，去感受新年中除尘迎新的意义。新年吉祥话活动，一方面引导幼儿初步了解新年问候的礼仪，另一方面能提升幼儿的语言表达能力。舞龙、扭秧歌是我国传统民俗。教师可以创设各种场景请幼儿欣赏相关表演，也可以用红绸布、龙头面具、红丝带等简单的道具配上热闹的音乐，在教师的示范引导下，让幼儿参与到热闹的舞龙、舞红绸活动中。亲子新年联欢会则是一个家园同乐的大聚会，更是新年活动的高潮。通常教师会邀请家长来园和幼儿共度新年，因为托班幼儿年龄小，除集体表演节目外，教师鼓励家长为幼儿表演节目，鼓励幼儿积极参与亲子活动，在活动中感受欢乐的气氛，见证幼儿的成长，共庆新年。

活动内容中我们只展示了部分活动的详案，但是在"主题网络图"中我们以"新年环境""新年味道""新年活动"为小主题，梳理了可以开展的系列活动。教师可基于网络图中提供的内容去创新和延伸，充分调动家长资源，实现家园共育，为幼儿营造一个欢庆的新年氛围。

活动一：漂亮的拉花（美术）

活动目标
1. 在教师的指导下尝试粘贴拉花，感受新年氛围。
2. 体验与同伴共同制作拉花装饰新年环境的成就感。

活动准备
1. 物质准备：红色、黄色、橘色长方形纸条若干，胶棒若干，往年班级新年环境的照片，成品拉花一个。
2. 经验准备：会使用胶棒粘贴物品。

活动内容
1. 教师出示班级拉花图片，引导幼儿欣赏。
师：马上就要过新年了，我们看看以前幼儿园过年的照片。你们都看到了什么？
师：照片里红红的拉花真喜庆！我们也试试用拉花装饰我们的教室吧。
2. 教师出示成品拉花，引导幼儿观察。
师：小朋友们看一看，老师手里的拉花是什么样子的。
教师请幼儿近距离观察拉花，发现拉花一圈穿过一圈连接而成的特点。
3. 教师示范讲解制作步骤。
师：一张长形纸，找找小短边，拧出小胶棒，亲亲小短边，两端碰碰头。
教师边说儿歌边粘贴拉花，提醒幼儿注意要一个挨着一个套纸环，不然拉花就拉不长了。
教师重点要指导第二个长条纸穿过第一个拉花的过程，可以用"小火车，钻山洞"的儿歌引导。

4. 幼儿制作，教师指导。

师：老师准备了各种颜色的长条纸，你们可以选择自己喜欢的颜色来制作拉花，最后我们来看看谁的拉花长。

指导要点：

(1)提示幼儿在抹胶的过程中一定要贴着短边粘贴；

(2)要一个挨着一个套环。

5. 教师展示、分享幼儿作品。

活动延伸

可以让幼儿将制作好的拉花进行比较，看看谁的拉花最长，也可以按照颜色分类，看一看谁的拉花的颜色是一样的，谁的是不一样的。

（张凯鸽）

活动二：冻冰花（认知）

活动目标

1. 愿意动手参与冻冰花的活动。

2. 初步了解水遇冷会结冰的现象。

活动准备

1. 物质准备：冰花两个，一个透明的，一个蓝色的；各种形状的果冻盒、彩色毛线、水、亮片、各色颜料等。

2. 经验准备：生活中见过冰。

活动过程

1. 教师引导幼儿欣赏冰花。

师：今天老师带来了两个漂亮的冰花，你们摸摸看，有什么感觉？猜猜它是用什么做的？

2. 教师示范制作冻冰花的过程。

师：在水里放上漂亮的装饰，水冻成冰块之后就成了冰花。仔细看看老师是怎么做的。

师：首先选择一个自己喜欢的容器，在容器内倒入水。可以加自己喜欢的颜料水，也可以不加颜料。选一些亮片放入水中，然后将毛线的一端放入容器内，另一端垂放在外面，我们把它放在户外，过上一夜就能看到冻好的冰花啦。

3. 请幼儿分组制作冰花，教师进行个别指导。

指导要点：幼儿倒水量、放装饰品的数量都不要过多，特别是最后记得放毛线。

4. 教师与幼儿一起将容器放在院子背光、阴冷处。

师：水遇冷才能更快结冰，所以我们要把它们放在没有阳光的地方。

5. 隔天带幼儿一起观察容器内水的变化。

活动延伸

当水完全结成冰后,教师可带幼儿将冰花挂在幼儿园的院子里做装饰。此外也可以引导幼儿在家长的帮助下用冰箱冻冰花。

(雷江燕)

活动三:新年吉祥话(语言)

活动目标

1. 感受新年快乐的气氛,初步了解新年拜年的习俗。
2. 了解并学说简单的新年吉祥话。

活动准备

1. 物质准备:《新年好》的视频、贺卡。
2. 经验准备:幼儿有与家人过年的经历。

活动过程

1. 播放新年拜年的视频,引出活动主题。

师:小朋友们,视频中爷爷给小朋友发红包时,小朋友说了什么?(谢谢爷爷,祝爷爷长命百岁。)长命百岁是一句特别好听的吉祥话,是祝福爷爷长寿的话。

教师带领幼儿一起学说长命百岁。

2. 引导幼儿了解有关新年吉祥话的习俗。

师:过新年是一件特别开心的事,爸爸妈妈会带我们去爷爷奶奶家或叔叔阿姨家拜年。拜年的时候,他们会送你们小礼物,你们也要说吉祥话祝福爷爷奶奶和叔叔阿姨。

3. 再次观看视频,了解吉祥话。

师:吉祥话是祝福的话,比如,祝您新年快乐!祝您大吉大利,年年有余,恭喜发财,吉祥如意,身体健康!

师:你们都喜欢哪些吉祥话,我们一起说一说。

4. 教师分发新年贺卡,引导幼儿说一句吉祥话。

活动延伸

教师可以设计一些小游戏,加深幼儿对吉祥话的印象。例如,击鼓传花,拿到花的小朋友需要说一句吉祥话,也可引导幼儿在新年亲子联欢的时候向家长用吉祥话问好。

(赵玥莹)

活动四:红红的新年(社会)

活动目标

1. 在参观幼儿园新年环境的过程中感受喜庆气氛。
2. 知道红色是新年最常见的颜色,代表着喜庆与祝福。

活动准备

1. 物质准备：选择与新年环境相关的视频、红色的"福"字、红色的灯笼。
2. 经验准备：认识红色。

活动过程

1. 教师带领幼儿参观院内挂的灯笼，感受新年的喜庆气氛。

师：看看上面挂的是什么。（灯笼。）

师：这些灯笼都是谁做的？灯笼都有什么颜色的？哪种颜色的灯笼最多？你喜欢什么颜色的灯笼？

师：因为要过年了，小朋友和爸爸妈妈一起做了灯笼，红红的灯笼都挂在院子里，幼儿园的院子就变得很漂亮了。

2. 教师带领幼儿回到班级，找找班级的红色物品。

师：刚才院子里有很多灯笼是红色的，咱们班级里还有哪些是红色的呢？

窗户上贴的是什么？它是什么颜色的？

教室里挂的一串一串的是什么？它是什么颜色的？

除了这些，班级里还有哪些物品是红色的？

师：院子里、班里到处都是红色的物品，因为红色是喜庆的颜色。传说有一个叫"年"的怪兽最怕红色的东西，因为它怕火，而红色就是火的颜色。所以大家都习惯在过年的时候用红色。比如，鞭炮是红色的，拉花也是红色的。

3. 播放家庭中过年情景视频，进一步感受喜庆氛围。

师：这是过年时小朋友家里的情景，看看视频里有什么是红色的？你们看到这么多红色会有什么感受？

师：过年的时候，小朋友家门上贴的对联、福字都是红色的，红包也是红色的，小朋友穿的衣服也是红色的，给长辈拜年时收到的大红包也是红色的。所以，过年时的红色会让我们特别开心。

活动小结

红色是传统新年的代表颜色，托班幼儿对新年的理解和感受还不够深入，可以引导幼儿在环境中认识红色，感受新年的欢乐气氛。

（阳小云）

活动五：扫房子（社会）

活动目标

1. 跟随童谣《扫房子》，做力所能及的劳动。
2. 在劳动中初步感受新年除尘迎新的习俗。

活动准备

1. 物质准备：抹布每人一块，报纸帽子每人一个，春节扫房子的动画视频。
2. 经验准备：听过童谣《小孩小孩你别馋》。

活动过程

1. 教师播放童谣，介绍"扫房子"的习俗。

师：小朋友们，刚才童谣里讲了一些年的习俗，其中有一个是"二十四，扫房子"，就是在每年腊月二十四这一天，每家每户都要把屋子打扫得干干净净的，新的一年我们就会有好运气啦！

2. 教师播放扫房子的动画视频，请幼儿欣赏。

师：下面我们来看一个扫房子的视频，请小朋友们看一看视频里的小朋友都做了哪些事。

师：刚才我们看到视频里的小朋友在班里擦椅子、收玩具、扫地毯等。（教师引导幼儿观察并回答。）

师：他们是怎么擦椅子的？谁来学一学？

师：哥哥姐姐是怎么收玩具的？谁来试一试？

3. 教师引导幼儿分组跟随教师参与劳动。

师：过年啦，我们也来扫房子吧！

师：一会儿想擦椅子的小朋友就去找 A 老师，愿意收玩具的小朋友可以找 B 老师。

教师为幼儿分发报纸帽子，分组引导幼儿参与劳动。在活动过程中引导、鼓励幼儿体验劳动的乐趣。

活动延伸

鼓励家长与幼儿讨论在家可以完成的劳动，如摆碗筷、收玩具等，鼓励幼儿做力所能及的家务活。

（金菁）

活动六：舞龙（社会）

活动目标

1. 初步了解我国民间传统习俗舞龙，对民俗文化感兴趣。
2. 愿意在教师的引导下尝试体验舞龙活动。

活动准备

1. 物质准备：纸盒制作的龙头，长长的红绸代表龙身，喜庆的音乐，舞龙视频。
2. 经验准备：了解龙的形象。

活动过程

1. 教师播放舞龙音频，引导幼儿表达感受。

师：你们觉得这个音乐好听吗？有没有想要跟着音乐跳舞的感觉？

师：我们一起跟着音乐动起来吧。

2. 教师播放视频，请幼儿欣赏。

师：小朋友们刚才看到的是舞龙的活动。龙是我们中国才有的动物，人们会在春节的时候用舞龙来庆祝和祈福。

3. 教师介绍舞龙的道具和方法并进行演示。

师：今天老师也为小朋友们准备了一条大长龙，我们快来看一看吧。

一位教师手拿自制龙头原地不动，两位教师跟在龙头后面抖动红绸扮演龙身，跟随音乐一起摆动。

4. 教师分组请幼儿体验舞龙。

师：大长龙太好玩了，你们想不想试一试？

(1)教师播放音乐，一名教师手持龙头，两名教师一前一后手持红绸变龙身。

(2)一组幼儿分散站在红绸中部，手握红绸抖动。

(3)另一组幼儿在教师带领下变成一队，像开火车一样，随音乐在红绸下穿梭。

音乐结束后请两组交换角色，教师注意控制过程中的方向和节奏，保障幼儿安全。

活动延伸

熟练之后可以鼓励幼儿自由穿梭，但是教师一定要规划路线，控制人数，保障安全。

（金菁）

活动七：亲子包汤圆(社会)

活动目标

1. 初步了解元宵节的习俗，在家长的协助下尝试学习包汤圆。
2. 感受亲子活动的乐趣。

活动准备

1. 物质准备：电磁炉、锅、一次性桌布，厨房准备好的汤圆食材，盘子每人一个。
2. 经验准备：吃过汤圆，提前邀请幼儿家长来园参加活动(每家一人)，活动前幼儿及成人将手洗干净。

活动过程

1. 教师出示汤圆实物和图片，请幼儿观察交流。

师：小朋友们认识这是什么吗？它是什么形状的？

师：你们吃过汤圆吗？它是什么味道的？

2. 教师示范操作步骤请幼儿观察。

师：每到元宵节的时候我们都要吃汤圆，今天我们也来做汤圆吧。

师：现在我们来认识一下做汤圆的原料。这里有糯米面，你们摸摸看，是不是特别软，特别滑？这是包在汤圆里的馅。红色的是豆沙馅，黑黑的是芝麻馅。你们闻一闻，是什么味道呢？

师：我们现在要做汤圆了。先拿一小块糯米团，放在手心团成一个小圆球，然后用手掌压一压变成一个大圆饼，在圆饼里放上豆沙馅，然后捏起来再团圆，一个汤圆就做好啦！

3. 请幼儿在家长的协助下包汤圆。

教师通过儿歌引导幼儿和家长一起包汤圆。

师：团呀团，压一压，放进馅，汤圆变得圆又圆。

幼儿重点尝试团圆和压平，而放馅和包汤圆的过程主要由教师和家长协助完成。

教师提示幼儿手里放些面，汤圆就不会粘在手上了。

4. 请幼儿观察家长煮汤圆，并品尝自己制作的汤圆。

活动延伸

在美工区可以投放相关的泥工材料，请幼儿尝试用彩泥包汤圆。

（金菁）

活动八：舞红绸（音乐）

活动目标

1. 能在音乐的伴随下自由舞动红绸。
2. 感受新年到来的喜庆和欢乐氛围。

活动准备

1. 物质准备：音乐《喜洋洋》，带短手柄的红绸每人两条，幼儿园中大班幼儿和教师一起舞红绸的视频一段。
2. 经验准备：参加过迎新年的活动，知道新的一年来到了。

活动过程

1. 教师播放幼儿园哥哥姐姐舞红绸的视频。

师：新的一年来到了，我们都用什么方式来庆祝新年？你看到哥哥姐姐是怎样庆祝新年的？他们手里拿着的是什么？他们的表情是什么样的？

教师小结：哥哥姐姐手里拿的是红绸子，他们用开开心心舞红绸的方式庆祝新年。

2. 教师再次请幼儿欣赏哥哥姐姐舞红绸的视频，引导幼儿在音乐伴随下初步尝试挥舞红绸（室内环境）。

师：你们想不想也来学一学，我们先看看哥哥姐姐是怎么挥舞红绸的？"教师引导幼儿关注视频中哥哥姐姐双臂上下、左右挥舞等动作。

教师给每个幼儿发两条红绸，播放《喜洋洋》的音乐，让幼儿自由体验红绸挥舞的感觉。

重点指导：在室内空间挥舞，注意引导幼儿分散站位。

3. 教师带领幼儿在户外舞红绸。

教师带领幼儿到户外更宽敞的空间舞红绸。幼儿伴随欢快的《喜洋洋》的音乐，跟随教师一起挥舞红绸。

重点关注：教师的表情和动作要有感染力，带领幼儿尽情挥舞；教师有意识地引导幼儿体验双臂上下挥舞、左右挥舞、画圆圈、双臂高举转圈圈等动作。

4. 放松活动。

幼儿轮流将红绸放回筐内，跟随舒缓的音乐放松身体，自然结束活动。

（鞠亮）

活动九：亲子新年联欢会（社会）

活动目标

1. 能在成人鼓励下表演节目，参与亲子游戏。
2. 感受与家人、老师、同伴一起联欢的快乐。

活动准备

1. 物质准备：向家长发出邀请函，请家长准备一些亲子节目；各种表演道具、音响设备、服装等；准备主持词，将教室布置成舞台，准备小游戏及道具。
2. 经验准备：幼儿熟悉本学期学过的歌曲和律动。

活动过程

1. 播放音乐，主持人开场。

主持人开场，欢迎各位家长来到班级参加联欢会。

2. 教师组织幼儿表演节目。

(1) 合唱《新年好》。

(2) 集体朗诵童谣《小孩小孩你别馋》。

(3) 舞蹈《宝贝宝贝》。

一名教师组织幼儿有序上场，另一名教师在台下做动作提示，引导幼儿表演。

3. 家长按顺序表演亲子节目。

4. 节目中穿插亲子游戏

(1) 贴福字：幼儿拿起教师制作好的福字，将福字背面双面胶撕下来贴到自己的爸爸或妈妈身上，一分钟之内看看哪位爸爸或妈妈身上福字最多，福气就最多。

(2) 抢椅子：音乐响起，家长抱着幼儿顺时针绕着椅子走，音乐停止家长抢到椅子抱着幼儿坐下，没有抢到椅子的家长和幼儿被淘汰，其他家长和幼儿进入下一轮，以此类推。

(3) 母鸡下蛋：家长背上小桶扮演鸡妈妈，"鸡妈妈"通过跳、抖，将桶里的小球抖落下来，"鸡宝宝"负责捡掉下来的蛋。在一分钟之内看哪位"鸡妈妈"下的蛋最多。

5. 活动结束，互送祝福，合影留念。

活动延伸

亲子新年联欢会非常有节日的气氛，家长也可以在家开展类似的家庭联欢活动，家人共同表演节目、玩游戏，一方面锻炼幼儿的表现能力，另一方面也能增进家庭成员之间的感情。活动最后也可以请幼儿给爸爸妈妈送贺卡，使幼儿感受新年成长的意义。同样，亲子新年联欢会的节目和游戏都可以根据当地、当时幼儿的兴趣进行调整，目的就是让孩子在这一天感受到亲子活动的乐趣，需要注意时间不宜过长，其间要组织家长带领幼儿喝水和如厕。

（金菁）

第一周活动案例

活动一：小动物来赛跑（体育）

活动目标

1. 能够听口令模仿小动物走路，发展幼儿的身体协调性。
2. 喜欢与教师和同伴一起参加体育游戏。

活动准备

1. 物质准备：各种动物头饰（如小兔、小猫、老虎），画好起点和终点的宽敞场地。
2. 经验准备：知道小动物是怎样走路的，熟悉儿歌。

活动过程

1. 热身活动：通过儿歌《太阳眯眯笑》来活动身体的各个关节，做好身体准备。

太阳眯眯笑，小朋友起得早，

一二一二做早操。

先学小鸟飞，飞呀飞呀飞。

再学小兔跳，跳啊跳啊跳。

学着马儿跑呀跑，天天锻炼身体好。

2. 教师依次出示小兔、小猫、老虎头饰，请幼儿模仿小动物是怎样走路的。

师：刚才我们一起学了小鸟飞，小兔跳。你们知道小猫是怎么走路的吗？我们一起试试看。

(1)请一名幼儿示范，其他幼儿模仿，教师和幼儿一起从起点模仿小猫走到终点。

(2)老虎同上。

3. 游戏玩法如下。

(1)教师分别戴好不同的头饰。

(2)教师念儿歌（动物园里真热闹，各种动物真不少，现在轮到谁来跑，现在轮到小兔跳）。念完儿歌，幼儿跟着带小兔头饰的教师一直跳到终点。

(3)同样的方法模仿其他小动物赛跑。教师可根据幼儿的兴趣和活动量调整，保持幼儿动静结合。

(4)等幼儿熟悉游戏后，可以请幼儿选择不同的头饰跟随教师做游戏。

4. 游戏规则：

(1)当老师说到轮到××动物时，幼儿才可以跑；

(2)跑的过程中要模仿动物走路，如小兔跳，老虎跑，小猫轻轻走路。

活动延伸

刚开始游戏时可以一次选择一种动物。熟悉后可以选择多种动物，也可以根据幼儿的认知选择幼儿熟悉的动物。此游戏冬季、夏季都可以玩，在夏季可选活动量小的动物，如爬行类的动物。

（阳小云）

活动二：新年到（社会）

活动目标

1. 回顾新年活动内容，感受参与新年活动的乐趣。
2. 在照片的对比中体验长大一岁的自豪感。

活动准备

1. 物质准备：与儿歌内容相呼应的新年活动PPT（包括幼儿参加班级新年联欢活动的精彩片段，亲子做灯笼、在幼儿园赏花灯的照片、幼儿参与制作鞭炮等手工活动的照片，体现幼儿入园一学期以来成长变化的对比照片等）。
2. 经验准备：幼儿参加过赏花灯、做花炮等迎新年系列活动。

活动过程

1. 幼儿回顾新年活动，体验参与新年活动的快乐。

(1)教师播放新年活动的精彩视频并提问。

师：这个视频中小朋友们在干什么呢？他们玩得开心吗？

(2)继续播放关于"赏花灯、看花炮"的PPT内容。

师：这两张照片中小朋友们在干什么呢？

师：新年到，新年到，赏花灯，看花炮。

2. 在对比图片中引导幼儿体验长大一岁的自豪感。

(1)呈现入园场景的对比图并提问。

师：哪张是小朋友们刚来园时的照片？哪张是现在小朋友们入园时的照片？

师：刚入园时小朋友们都哭着让妈妈抱进园，现在你们都是高高兴兴地自己入园，小朋友们长大了，快给自己鼓鼓掌！

(2)呈现幼儿进餐状况的对比图并提问。

师：请小朋友指一下，哪张照片是小朋友们刚刚入园时吃饭的样子？哪张是现在吃饭的样子？

师：刚入园时很多小朋友都不会自己吃饭，现在你们都能自己吃饭、擦嘴，还能自己送餐具，你们真是太棒啦，我们送自己一个大拇指吧！

(3)呈现幼儿参加活动的对比图，请幼儿分辨刚入园的和现在的照片。

师：刚入园时小朋友们还不能参加活动，现在小朋友们都能积极参加有趣的活动，跟着老师唱歌、跳舞学本领，每个人都有很多的进步，我们一起给所有小朋友鼓鼓掌吧。

3. 在学说儿歌的过程中，激发幼儿不断进步的动力。

教师一边播放与儿歌内容对应的PPT，一边带领幼儿说儿歌《新年到》："新年到，新年到，提花灯，看花炮。小娃娃，长一岁，走路不用妈妈抱。"

师：儿歌中的小娃娃长大一岁，走路不用妈妈抱，我们小朋友比小娃娃还要棒，长大一岁可以学到更多的本领，你们还想学什么本领呢？

在谈话中自然结束活动。

活动延伸

教师可引导家长整理幼儿从小到大的照片，跟幼儿一起讨论小时候是什么样的，现在长大了学会了哪些新本领，通过亲子谈话感受长大的快乐。

（鞠亮）

第二周活动案例

活动一：美丽的烟花（美术）

活动目标

1. 初步感受烟花的形状和颜色特点，喜欢欣赏烟花绽放的美。
2. 尝试用毛根儿印画的方式表现烟花。

活动准备

1. 物质准备：有关烟花的PPT（包括视频、图片），黑色卡纸人手一份，红、黄、蓝、白等颜色的丙烯颜料每桌一份，用宽口小碟子盛放（开口大小以能容纳毛根儿烟花的大小为宜），毛根儿事先做成烟花的样子（四五根毛根儿为一束，从中间对折后，再从中间往封口的一半扭转变成把手，开口的一端四面打开成烟花状）。

2. 经验准备：有过欣赏烟花图片或场景的经验。

活动过程

1. 教师播放PPT，引导幼儿欣赏烟花的颜色和形状特点。

师：小朋友们这是什么？你以前见过烟花吗？我们一起来放烟花吧，看看烟花是什么颜色、什么样子的？

教师播放事先做好的放烟花动画，"带领幼儿一起倒计时，3，2，1，然后点击红点，伴随"啾——啪——"这样的音效，出现烟花散开的图片。教师跟幼儿一起欣赏烟花。

同样的方式再一起"燃放"两三个烟花，鼓励幼儿跟教师一起倒计时，模仿燃放烟花时的音效，之后一起欣赏燃放的不同形状、颜色的烟花。

2. 教师介绍毛根儿印烟花的方法。

师：（教师出示做好的毛根儿）小朋友们看，老师手里是什么？这是毛根儿，我可以用它变出漂亮的烟花来，你们想不想看一看？

教师展示创作流程：手拿毛根儿，选择一个颜料盘，把毛根儿放到里面蘸一蘸，拿到面前的黑色卡纸上压一压，拿起毛根儿，一个漂亮的烟花就做好了。

3. 幼儿分组创作烟花，教师指导。

师：天黑了，又到可以放烟花的时候了，小朋友们也来放烟花吧。

幼儿按照教师的展示进行创作，教师巡回指导。

重点关注：颜料不要蘸太多，烟花之间可以有一定的重叠，但不能印得过满。鼓励幼儿可以边创作边发出燃放烟花的声音。

4. 共同欣赏烟花作品。

准备黑色背景的展板，幼儿完成后的作品张贴在上面。教师带领幼儿一起欣赏，可以让幼儿说说自己放的是什么颜色的烟花，自己最喜欢哪个烟花，等等。

活动延伸

可以在美工区提供烟花的图片等，带领幼儿用撕纸粘贴、棉签画等多种形式表现美丽的烟花。

（鞠亮）

活动二：动物木头人（体育）

活动目标

1. 能够听指令模仿教师做动作。
2. 感受参与集体游戏的乐趣。

活动准备

1. 物质准备：几种常见动物的图片（狗、猫、青蛙、大象）。
2. 经验准备：知道一些常见动物的叫声及典型动作，有和教师一起玩"木头人"的游戏经验。

活动过程

1. 教师引导幼儿说出自己见过的小动物。

师：小朋友们，你们见过哪些小动物？它们都是怎样叫的？

2. 教师出示准备好的动物图片，请幼儿模仿动物的叫声。

师：你们认识这些小动物吗？小狗会怎样叫？（汪汪。）小猫怎样叫？（喵喵。）青蛙怎样叫？（呱呱。）狮子怎样叫？（啊呜。）

3. 教师带领幼儿玩"一二三木头人"的游戏。

(1) 教师在前面，幼儿在后面。

(2) 教师背对幼儿，边向前慢走边说"一二三木头人"，所有幼儿向前走，跟在教师后面。

(3) 教师说完最后一个字后马上回头，所有幼儿需停下来不动。

4. 教师用动物名称替换"木头人"，请幼儿模仿相应的动作。

师：现在我们要变换游戏了。我和××老师先来试试。你们看看，我们是怎么变的。（一位教师在前，另一教师在后，当一位教师说"一二三，变小猫"，另一位教师则边学猫叫边走。）

师：我们也一起试试。老师说"一二三，变小猫"，你们跟着老师边学猫叫边往前走。

当游戏进行两三次之后教师不再示范，由幼儿根据教师的指令做出相应动作。

5. 教师引导幼儿模仿小动物做操放松，结束游戏。

活动小结

这个游戏是一个反应类游戏，我们可以在日常生活中不断变换游戏的内容，引导幼儿学会听指令做动作。但幼儿的学习是渐进的，教师一定要关注每个幼儿，针对不同的幼儿给予不同的适应时间和反应时间。

（黄季龙）

过渡游戏（15例）

过渡游戏"点豆豆"

点点点，点豆豆，点到一个×豆豆，×豆豆可以走了。

游戏玩法：教师根据幼儿衣服的颜色说出对应的豆豆，可用于在过渡环节依次请幼儿去盥洗。

手指游戏"小雨伞"

小雨伞，真淘气（左手五指张开，手心向下，右手握拳，食指伸出顶在左手手心成小伞状，左右交替做两次）。

爱和雨滴玩游戏（同上）。

转一转，滴一滴（左右手食指相对绕圈，食指向前点三下）。

滚一滚，淅沥沥（左右手握拳相对绕圈，五指下垂依次前后抖动）。

滚滚转转真有趣（左右手握拳相对绕圈，左右手食指相对绕圈，拍手三下）。

手指游戏"炒鸡蛋"

大拇指倒点儿油，两根手指拌一拌，

三根手指撒点盐，四根手指炒一炒，

五根手指装进盘，尝尝我的炒鸡蛋。

手指游戏"五只小猴荡秋千"

五只小猴荡秋千，嘲笑鳄鱼被水淹；

（左右五指张开左右摆动，之后根据小猴数量变换手指数量。）

鳄鱼来了，鳄鱼来了，啊呜，啊呜，啊呜。

（右手拇指和其余四指做嘴巴状，上下开合。）

四只小猴荡秋千，嘲笑鳄鱼被水淹；

鳄鱼来了，鳄鱼来了，啊呜，啊呜，啊呜。

三只小猴荡秋千，嘲笑鳄鱼被水淹；

鳄鱼来了，鳄鱼来了，啊呜，啊呜，啊呜。

两只小猴荡秋千，嘲笑鳄鱼被水淹；

鳄鱼来了，鳄鱼来了，啊呜，啊呜，啊呜。

一只小猴荡秋千，嘲笑鳄鱼被水淹；

鳄鱼来了，鳄鱼来了，啊呜，啊呜，啊呜。

没有小猴荡秋千，鳄鱼伤心地游走了。

手指游戏"我的小手变变变"

我的小手变变变（边说边拍手），

变把手枪啪啪啪（双手做拿枪射击状），

变把剪刀剪剪剪（双手做剪刀状），

变只小鸡叽叽叽（双手大拇指、食指相碰，其余三指弯曲紧握，做小鸡嘴状，一上一下），

变只小鸭嘎嘎嘎（右手手心压在左手手背上，做小鸭扁嘴状），

变只小鸟飞飞飞（左手手心按住右手手心，大拇指贴在一起，左右手四指并拢模仿小鸟飞的动作）。

手指游戏"我们的小手真灵巧"

一像小棍敲敲敲，二像剪刀剪剪剪，

三像叉子叉叉叉，四像螃蟹爬爬爬，

五像小手拍拍拍，六像电话喂喂喂，

七像夹子夹夹夹，八像手枪啪啪啪，

九像钩子勾勾勾，十像麻花香香香。

手指游戏"剪刀石头布"

剪刀石头布，剪刀石头布，一把剪刀，一块石头，变成小白兔；

剪刀石头布，剪刀石头布，一把剪刀，两把剪刀，亲亲小白兔；

剪刀石头布，剪刀石头布，一把剪刀，一块布，抓住小白兔；

剪刀石头布，剪刀石头布，一块布，两块布，我是章鱼不是兔。

手指游戏"手指变变变"

一根手指头，一根手指头，变呀变呀变成毛毛虫。

两根手指头，两根手指头，变呀变呀变成小白兔。

三根手指头，三根手指头，变呀变呀变成小花猫。

四根手指头，四根手指头，变呀变呀变成螃蟹走。

五根手指头，五根手指头，变呀变呀变成大老虎。

手指游戏"手指睡觉"

大拇指睡了，食指睡了，中指睡了，无名指睡了，

小拇指也睡了，大家都睡了。

（伸出手掌，五指依次弯曲，最后蜷成拳头。）

丁零零，闹钟响了，小朋友起床了。（拳头摇一摇。）

小拇指醒了，无名指醒了，中指醒了，食指醒了，

大家都醒了！

（从拳头开始，五指依次打开，最后拍手。）

儿歌《谁的尾巴》

谁的尾巴长？猴子的尾巴长！
谁的尾巴短？兔子的尾巴短！
谁的尾巴就像一把伞？松鼠的尾巴就像一把伞！
谁的尾巴弯？公鸡的尾巴弯！
谁的尾巴扁？鸭子的尾巴扁！
谁的尾巴最好看？孔雀的尾巴最好看！

儿歌《小蚂蚁》

一只蚂蚁在洞口，看见一粒豆，用力搬也搬不动，急得直摇头。
小小蚂蚁想一想，想个好办法，回洞请来好朋友，抬着一起走。

儿歌《大苹果》

我是一个大苹果（双手张开表示"大"），
小朋友们都爱我（双手摊开，再收回指自己）。
请你先去洗洗手（双手做洗手的动作），
要是手脏（用右手食指点着左手手掌），
别碰我（挥动右手表示"不"）！

音乐律动《奇妙的手势》

我的小手会唱歌，我的小手会唱歌，啦啦啦啦啦，
do 变成拳头，re 变成滑梯，mi 变成小桥，fa 变成蝌蚪，so 变成小门，la 变成小伞，xi 指向天空。

音乐律动《身体音阶歌》

摸摸你的小脚，do do do do；
摸摸你的膝盖，re re re re；
拍拍你的双腿，mi mi mi mi；
叉叉你的小腰，fa fa fa fa；
拍拍你的双手，so so so so；
拍拍你的肩膀，la la la la；
摸摸你的脑袋，xi xi xi xi；
高举你的双手，do do do do。
Do re mi fa so la xi do（双臂在胸前交替向上转圈，身体站起），
Do xi la so fa mi re do（双臂在胸前交替向上转圈，身体蹲下），

Do(高音 do，原地跳起)。

音乐律动《小手拍拍》

小手拍拍，小手拍拍(拍手)，
手指伸出来，手指伸出来(依次伸出左右手食指)。
眼睛在哪里？眼睛在这里(手指眼睛)，
用手指出来，用手指出来。
建议：可以变换身体部位重复进行。

体育活动（30例）

开飞机

活动目标

1. 会一个跟着一个走，学会排队，不推也不挤。
2. 喜欢参加户外活动，愿意和大家一起参与游戏。

活动玩法

幼儿将两个胳膊伸平变成小飞机，教师念儿歌"小飞机，飞飞飞，飞到东，飞到西，快快飞到滑梯旁"（此位置可以变动，游戏可以多次进行），引导幼儿跟着教师的儿歌向指定方向一个跟着一个走。

注意事项

在行进中注意提醒幼儿一个跟着一个走。

吹泡泡

活动目标

1. 较协调地做出踮脚、下蹲、后跳动作。
2. 愿意和同伴一起游戏。

活动准备

开阔的场地。

活动玩法

教师与幼儿手拉手围成圆圈，一边念儿歌"吹泡泡，吹泡泡"，一边向后小步走两步，念到"吹成一个大泡泡"时，幼儿拉成一个大圆圈。根据儿歌提示，当念到"吹成一个小泡泡"时，幼儿向中间迈一步；念到"吹成一个高泡泡"时，幼儿踮脚；念到"吹成一个低泡泡"时，幼儿下蹲（可以半蹲或弯腰）；念到"啪嗒一声吹破啦"时，幼儿松手向后跳。

附儿歌：吹泡泡，吹泡泡，吹成一个大泡泡；吹泡泡，吹泡泡，吹成一个小泡泡；吹泡泡，吹泡泡，吹成一个高泡泡；吹泡泡，吹泡泡，吹成一个低泡泡；吹泡泡，吹泡泡，啪嗒一声吹破啦！

小孩小孩真爱玩

活动目标

1. 能听信号向指定方向跑。
2. 愿意与同伴一同游戏。

活动玩法

教师与幼儿一起念儿歌"小孩小孩真爱玩，摸摸这，摸摸那，摸完××跑回来"。幼儿根据教师指令向指定方向走或跑。

注意事项

引导幼儿听清指令，说完儿歌再走，跑的时候注意安全，不要撞到同伴。

活动延伸

幼儿熟悉后，教师可以变换动作，如摸完××跳回来等。

开汽车

活动目标

1. 练习走和跑的动作，增强腿部肌肉力量。
2. 能够听指令，发展反应能力。

活动准备

方向盘人手一个，停车场标识，空的场地。

活动玩法

幼儿手握方向盘扮演小司机，两只小手握住方向盘，控制小汽车的方向，听教师的指令。教师说："山路请慢行。"幼儿走路。教师说："高速公路请快速通过。"幼儿跑起来。

注意事项

教师提醒幼儿要开到停车场才能休息。

大巨人和小矮人

活动目标

1. 能听指令做动作。
2. 提升反应能力。

活动玩法

教师先请幼儿模仿大巨人和小矮人的动作。大巨人是双脚站立、双手打开的，小矮人是原地蹲下、双手抱膝的。待幼儿熟悉动作之后，教师随机发出大巨人或小矮人的指令，幼儿需要根据教师指令做出相应动作。

快乐的小兔

活动目标

1. 初步学习双脚连续向前跳。
2. 在游戏的过程中体验与同伴一起游戏的快乐。

活动准备

小兔子图片（贴在衣服上），宽阔的场地（划分固定区域作为"家"）。

活动玩法

教师扮演兔妈妈，带着兔宝宝蹦蹦跳，当听到大灰狼"嗷"的声音时，兔妈妈带着兔宝宝立刻跳回"家"蹲下，扮演大灰狼的教师在周边转一圈，发现小兔子都回家了便离开。一轮游戏结束，重新开始。

活动延伸

可以变换不同的小动物进行游戏。

老猫睡觉醒不了

活动目标

1. 在游戏中轻轻地走路或跑。
2. 注意躲避和不碰撞其他幼儿。

活动玩法

教师扮演老猫，幼儿扮演小猫蹲在老猫四周，一起说儿歌："老猫睡觉醒不了，小猫偷偷向外瞧，小猫小猫爱游戏，轻轻走到外面去！"教师佯装睡觉，小猫轻轻地走到场地四周躲藏起来。老猫看小猫藏好后，睁开眼睛说："老猫睁眼看一看，小猫怎么不见了？喵喵喵，我的小猫快回来。"小猫听到叫声后要迅速跑到老猫身边，游戏重新开始。

注意事项

教师引导幼儿念完儿歌才能跑出去。

找小动物

活动目标

1. 能根据教师描述模仿小动物的动作特征。
2. 具有初步的自我保护意识，做动作时和他人保持一定距离。

活动准备

物质准备：小猫、小乌龟、小青蛙、小兔子图片各2～4张。

活动玩法：幼儿站在起点处准备，教师说出儿歌并模仿相应特征，用引导语"我是……"鼓励幼儿说出动物名称，然后用相应的动作特征走到小动物图片旁边。

语词提示

1. 爱吃萝卜爱吃菜，蹦蹦跳跳真可爱，我是（小兔子），并双手做兔耳朵，和小朋友们一起用蹦蹦跳的方式找到小兔子。
2. 轻轻走，轻轻跳，喵喵喵，我是（小猫咪）。
3. 慢慢走，慢慢爬，背着重重的壳，我是（小乌龟）。
4. 大眼睛，四条腿，呱呱呱，我是（小青蛙）。

活动建议

提出小动物是好朋友，走路的时候保持距离，确保彼此安全无碰撞。

小蝌蚪找妈妈

活动目标

1. 练习原地转圈和听信号向指定方向跑。

2. 遵守游戏规则，奔跑时有躲避意识，避免碰撞。

活动准备

青蛙妈妈头饰，宽敞的场地。

活动玩法

教师布置场地创设情境，幼儿扮演小蝌蚪，教师扮演青蛙妈妈。教师与幼儿一同唱儿歌"小蝌蚪，游啊游，转个圈，想一想，妈妈妈妈在哪里？快去找一找"。当念到转个圈时，引导幼儿原地转圈，念到快去找一找时，请幼儿找到教师，跑到"青蛙妈妈"身边。

障碍物跑

活动目标

1. 尝试 S 形绕障碍物跑。
2. 练习跑的动作，增强腿部肌肉力量。

活动准备

锥形筒 10 个，方向盘若干，宽阔的场地。

活动玩法

1. 教师将 10 个锥形筒按照 1 米的间隔排成一竖列，幼儿手持方向盘当小司机，教师带领幼儿依次绕过锥形筒跑 S 形路线。

2. 教师将 10 个锥形筒分为两组竖向排列，幼儿分为两组进行比赛，速度快的一组获胜。

注意事项

游戏初期可以慢慢行走，注意行进中的安全。

运小球

活动目标

1. 锻炼持物跑的动作技能。
2. 感受与同伴共同游戏的快乐。

活动准备

两种颜色的球若干，筐子 4 个，口哨 1 个，适合跑步的场地。

活动玩法

将小球按颜色分为两组，装在两个筐里，放在起点，另外两个筐放在较远一头作为终点，两组距离相等。幼儿分成两组，每组排成一列纵队。听到哨声后，幼儿拿起一个小球跑到终点并把球放到终点的筐里，再跑回起点。当第一个幼儿跑回起点后，第二个幼儿出发，依次进行。

快乐的毛毛虫

活动目标

1. 练习手膝着地,自然协调向前爬。
2. 体验参与体育游戏的快乐。

活动准备

软垫、水果模型若干。

活动玩法

幼儿扮成毛毛虫,从场地的一端出发,手膝着地爬着去寻找食物。在场地另一端散落着各种各样的水果(水果模型),幼儿爬到另一端拿到水果后想办法带上水果原路返回。

活动建议

提示幼儿一次只能拿一个水果,并且想办法将水果带回"家",可以装兜里、放背上或者用手拿着,用手拿一定要注意安全。

小兔跳彩圈

活动目标

1. 在游戏中尝试双脚跳。
2. 锻炼腿部力量。

活动准备

红、黄、蓝彩圈若干。

活动玩法

教师将不同的彩圈摆成两条不同的路线,第一条是5～8个彩圈紧挨着排成一条路。第二条是每2个彩圈之间保持一定的间距,组合成一条长路。

小猫捉鱼

活动目标

1. 锻炼手膝着地向前爬。
2. 体验体育游戏的快乐。

活动准备

海绵垫4～6块、宽低平衡木2组、小鱼布艺玩具2筐。

场地准备:起点处摆1块垫子,隔开一段距离(可以放置平衡木),再摆1块垫子,终点处摆小鱼。摆放两条平行的路线,供两组幼儿同时参与游戏。

活动玩法

1. 基础玩法:幼儿分为两组,变成小猫去捕鱼。手脚着地爬过海绵垫,走过空地,再次爬过海绵垫,拿到小鱼,从路线外侧走回起点处。

2. 升级玩法：在空地处放置平衡木，幼儿走平衡木到达下一块垫子。

活动建议

可以设定在规定时间内完成捕捞小鱼的数量，如音乐停止时捕捞5条小鱼。

好玩的圆圈圈

活动目标

1. 尝试用多种方法玩圈，感受玩圈的乐趣。
2. 体验和同伴一起玩圈的快乐。

活动准备

大小、材质不同的圆圈若干，空旷的场地。

活动玩法

幼儿自由玩圈，教师观察，请个别玩得比较好的幼儿展示自己的玩法。教师展示不同的玩圈方法（走圈、跳圈、套圈），引导幼儿用多种方式玩圈。

小熊过生日

活动目标

1. 练习双脚连续跳和钻的动作，发展身体的协调性。
2. 感受参与体育游戏的乐趣。

活动准备

拱形门3个，呼啦圈3个，小熊的家，沙包若干，小熊头饰。

活动玩法

教师创设一起去小熊家给小熊过生日的情境：今天是小熊的生日，小熊准备在家里开"生日会"，邀请幼儿去参加。去小熊的家要穿过小山洞（拱形门），跳过小石头（呼啦圈）。幼儿每人一个沙包（代表生日礼物），轮流穿过山洞，跳过小石头，走到小熊家，把礼物投到礼物袋中。最后教师扮演的小熊和小朋友们一起围圈唱生日歌。

注意事项

圈的直径应该在40厘米以内。

网鱼

活动目标

学会闪躲，提升身体灵活性。

活动玩法

两位教师拉手当渔网，一位教师和幼儿当小鱼。游戏开始时，幼儿和教师一起念儿歌（小鱼小鱼水里游，游来游去点点头，渔网来了捕小鱼，小鱼小鱼快快游），同时教师带领扮小鱼的幼儿做小鱼动作随意进出渔网，当念到"快快游"时，做小鱼的幼儿快速钻出教师做的"渔网"，游戏反复进行。被渔网捞住的小鱼在旁边休息。

小兔子吃萝卜

活动目标

练习正面投掷的动作,发展幼儿上肢力量及手眼协调能力。

活动准备

萝卜球、兔子形状的箱子(箱子口可大一点,当作兔子嘴巴)。

活动玩法

"有一只小兔子在森林里找了好久的食物都没有找到,它的肚子太饿了,想请小朋友们帮助它找一些好吃的萝卜来。"教师引导幼儿从周边找到萝卜,然后在指定的位置喂(投)进兔子嘴巴里。

活动建议

设置一定的距离请幼儿投掷,引导幼儿"喂"萝卜的时候要看准小兔子的嘴巴投喂进去。

揪尾巴

活动目标

发展幼儿四散跑的能力,提高闪躲的技巧和灵敏度。

活动准备

每人一条尾巴,拱形门。

活动玩法

教师创设情境,主班教师当狐狸妈妈,另一位教师当猎人,幼儿当狐狸宝宝(绑好尾巴)。教师和幼儿一起说儿歌,说到"揪掉它的长尾巴"时,猎人出现,狐狸妈妈和狐狸宝宝赶快四散逃跑。当狐狸妈妈喊"小狐狸钻洞了"时,幼儿纷纷钻过拱形门,猎人不能抓钻进山洞的小狐狸,被抓到的小狐狸会被猎人揪掉尾巴。

附儿歌:花狐狸,馋嘴巴,专门爱吃小鸡娃,猎人猎人抓住它,揪掉它的长尾巴。

注意事项

提醒幼儿四散跑时注意躲避,将尾巴系牢在幼儿腰间,确保安全。

我和小球比赛

活动目标

1. 有目标地奔跑,初步尝试折返跑。
2. 根据指令做出准确反应。

活动准备

空旷的场地,皮球。

活动玩法

两名教师分别站在起点处和终点处。起点处教师将球滚向终点处教师,幼儿迅速从起点奔跑追上小球；终点处教师将球滚向起点处教师，让幼儿体验短时间内改变方向的折返跑。

活动建议

折返的速度（传球的速度）根据幼儿的奔跑能力调整。

好玩的沙包

活动目标

1. 发展腿部、手部力量。
2. 体验沙包的多种玩法。

活动准备

沙包每人一个。

活动玩法

1. 抛沙包：沙包拿在手中，使劲向上抛，看谁抛得高。
2. 运沙包：教师创设情境，开展小乌龟运粮游戏。幼儿变成小乌龟分成两组，把沙包当作粮食放在背上，沿着路线驮着沙包爬到终点，将沙包放到筐里。

注意事项

教师设定爬行路线，幼儿爬行时提醒幼儿路线不随意更换。爬行时注意与其他幼儿的距离，防止受伤。

大风和树叶

活动目标

1. 锻炼走、跑的动作技能。
2. 能听从指令做动作。

活动准备

空旷的场地。

活动玩法

创设风吹落叶的情境，教师当风，幼儿当落叶蹲在地上。教师说"起风了"，同时走过幼儿身边，"树叶"被吹起，幼儿站起来；教师说"风大了"，同时快速走过幼儿身边，带动"小树叶"快速走动、跑动，幼儿跟着教师跑起来；教师说"风小了"，同时减速走动，"树叶"速度也慢下来，幼儿慢慢地走；教师说"风停了"，同时站住不动，"树叶"落下来，幼儿蹲下不动。

小小邮递员

活动目标

1. 能根据信号进行走、跑交替的动作。
2. 体会走、跑游戏的快乐。

活动准备

三种颜色的信封，空旷的场地。

活动玩法

红黄蓝三种颜色的信封，幼儿分散站在开阔场地。

1. 游戏开始时，当教师举红信封时，幼儿喊"嘀嘀"，模仿驾驶汽车的动作快步前行。

2. 教师举起黄信封时，幼儿喊"咔嚓，咔嚓"，双手屈肘在体侧前后绕环，模仿火车慢跑。

3. 当教师举起蓝信封时，幼儿喊"轰——"，双手侧平举模仿飞机快速跑。

4. 当教师说"信送到了"时，幼儿就慢慢停下来。教师可以变换各种信封让幼儿快跑—慢跑—快走，也可以慢跑—快走—快跑。

活动建议

地面可以设置一定的标记（如圆点），开始时请幼儿站在点上，拉开幼儿之间的距离，避免碰撞。

能干的袋鼠宝宝

活动目标

1. 练习双脚向前跳的动作，锻炼下肢力量和动作的协调性。
2. 感受体育游戏的乐趣。

活动准备

粘在绳子上的苹果图片若干，袋鼠头饰，跳圈。

活动玩法

幼儿戴袋鼠头饰，教师戴袋鼠妈妈头饰，请幼儿帮助袋鼠妈妈摘苹果，路上需要路过草地（跳圈），到山的那边从树上（绳子）摘下苹果，袋鼠宝宝需要双脚并拢，膝盖弯弯向前跳过，摘到苹果以后，再蹦蹦跳跳运回家。

小老鼠满地跑

活动目标

1. 练习向指定方向跑。
2. 体验体育游戏带来的快乐。

活动准备

老鼠头饰、自制尾巴每人1个。

游戏玩法

每个幼儿戴小尾巴和老鼠头饰假扮小老鼠，教师和幼儿一起拍手说儿歌："小老鼠吱吱叫，拖着尾巴满地跑。"然后教师发出指令"向大树跑"，幼儿向指定地点跑，或者教师和幼儿一起提前讨论往哪个方向跑，再开始说儿歌。根据幼儿活动量及兴趣决定游戏次数。

活动建议

1. 教师可以假装追，但跑的时候速度要慢。
2. 关注活动量，提醒幼儿互相不碰撞。

抛沙包降落伞

活动目标

1. 尝试用力向上抛，锻炼上肢力量。
2. 喜欢与同伴一起游戏。

活动准备

自制沙包降落伞(将彩绳、包装袋缝在沙包上，彩绳末端可以系上小铃铛等)。

活动玩法

教师和幼儿每人拿一个彩色沙包，游戏开始时向上抛沙包。教师可以请幼儿观察沙包下落时"降落伞"打开的样子，鼓励幼儿尽量往高处抛。

活动建议

引导幼儿双手拿包，从腹前向上用力抛。

猫和老鼠

活动目标

1. 理解并遵守游戏规则，听信号能即时做反应。
2. 喜欢与同伴做游戏。

活动准备

拱形门若干，空旷的场地。

活动玩法

教师将拱形门摆成圆形，作为老鼠洞口。幼儿扮演老鼠藏在洞中，教师扮演猫守在洞外。教师说儿歌：

今天天气真是好，老鼠一家出去玩(幼儿从拱形门出洞四处溜达)；

突然听到猫儿叫(教师学猫叫)，

快快钻回老鼠洞(幼儿从拱形门钻回去)。

注意事项

拱形门的数量要不低于幼儿人数的 1/2。

小兔采蘑菇

活动目标

1. 练习双脚连续跳和钻的动作。
2. 乐于参与体育游戏。

活动准备

钻圈、小筐、沙包若干。

活动玩法

小朋友变成小兔子,在去树林的路上要钻过洞(钻圈),采一个蘑菇(沙包),拿着蘑菇,绕过洞跳回来,回来后把蘑菇放在小筐里,然后继续到树林去采蘑菇。

冰块融化了

活动目标

1. 锻炼反应能力和身体协调能力。
2. 体验参与体育游戏的乐趣。

活动准备

较宽阔的场地。

活动玩法

幼儿跟随教师边走边念儿歌:"做冰块,做冰块,冰块凉凉硬又冰。"念完儿歌后,幼儿要随意摆出一个造型一动不动。当听到"太阳出来了",幼儿开始慢慢走动;当听到"冰块融化了",幼儿就可以自由跑动。

阳光抱抱你

活动目标

1. 能够听指令四散跑。
2. 喜欢参加体育游戏。

活动玩法

教师说"太阳出来了"时,扮演太阳追赶幼儿,逐个拥抱追到的幼儿。教师说"天黑了"时,教师弯腰,幼儿原地蹲下,幼儿与太阳说再见。

注意事项

在跑的过程中提醒幼儿避免碰撞,教师可根据天气情况灵活调整幼儿活动量。